THE ART OF

LAST ORIGIN

VOL.1

contents

PROLOGUE

어디선가 나타난 금속 기생 생명체 철충(鐵蟲)이 인류를 멸망시킨 지 100년….

철충이 지배하는 지구. 그럼에도 불구하고 인간의 피조물인 바이오로이드와 AGS 로봇들은 결코 희망을 버리지 않았다.

바이오로이드의 리더 라비아타 프로토타입은 바이오로이드들을 규합하고 훈련시키는 한편, 아직 어딘가에 살아 있을지도 모르는 인간을 찾아 세계 구석구석을 탐색하며, 언젠가 올 인간을 위한 네트워크를 구성했다.

한편, 위성 궤도에서 인류의 멸망을 지켜봤던 AGS의 커맨더 에이다 Type-G는 인간들의 문명을 복원하는 것을 자신의 의무라 보고, 철충과 싸우는 한편으로 세계를 복원했다. 그 과정에서 많은 로봇들이 철충에 기생당하고 말았지만, 근거지를 요새화하고 인간이 올 준비를 차근차근

실행했다.

인류를 멸망시킨 철충은 언제부터인가 남은 바이오로이드에는 눈길조차 주지 않은 채, 세계를 끔찍한 규소질 금속으로 이뤄진 기이한 구조물로 뒤덮어 인류가 남긴 것들을 집어삼키고 지구를 오염시키는 일에만 집중하고 있었다.

모두가 각기 다른 생각으로 움직이고 있던 어느 날, 라비아타에게 기묘한 통신이 들어왔다. 바로 지구상에 마지막으로 남은 인간이 올 것이라는 좌표였다.

평소라면 이런 말을 믿지 않았겠지만, 통신을 보낸 이는 그녀가 도저히 의심할 수 없는 인물이었다. 이에 라비아타는 자신이 가장 신뢰하는 자매인 콘스탄챠 S2와 정찰병 P/A-00 그리폰을 파견했다. 마지막 남은 인간이 올 것이라는 통신이 사실이기를 간절히 바라며….

ART GALLERY

첫 만남

첫 만남

PART

The
World

1

바이오로이드의 탄생과 특징

오리진 더스트

흔히, 연금술의 최종 단계이자 궁극의 비약으로 묘사되는 '현자의 돌'. 오리진 더스트는 현대의 연금술이라 할 수 있는 생명공학에 있어 바로 그 '현자의 돌'에 해당하는 물질이었다. 나노 기술을 이용한 인공 세포 소체인 오리진 더스트는 세포의 수명을 엄청나게 늘렸을 뿐 아니라 기능 강화, 나아가서는 새로운 기능 부여도 가능케 했다.

오리진 더스트의 등장은 인류의 삶을 크게 변화시켰다. 강한 근력과 긴 수명을 얻게 되었으며 질병이나 적대적 환경의 위협으로부터 자유 로와졌다. 하지만 무엇보다 가장 큰 변화는 신경계 변형 기술을 통해 인간의 신체에 생체 컴퓨터를 이식, 인간의 신경계를 컴퓨터처럼 움직일 수 있게 되었다는 점이었다.

오리진 더스트 강화 시술을 통해 인간은 전에 없이 강력한 능력을 손에 넣을 수 있었다. 하지만 이것이 곧 밝은 미래를 보장하는 것은 아니었다.

바이오로이드의 탄생

오리진 더스트의 등장은 인류 사회에 큰 변화를 주었다. 하지만 강화 시술이 전쟁이나 범죄에 악용되는 사례가 늘면서 관련 기술에 대한 관리는 매우 엄격해졌고, 이는 관련 산업계의 위축을 의미했다.

또한 오리진 더스트를 통해 인간 신체와 능력의 비약적인 강화와 발전이 이루어졌으나, 인간이라는 소체의 특성상, 종의 한계를 완벽하게 뛰어넘었다고 보기에는 무리가 있었다. 이러한 상황에서 오리진 더스트 기술의 최첨단에 있던 삼안 산업에서는 인간을 바탕으로 하고 있지만 인간과는 다른 존재, 즉 인간형 생체 컴퓨터를 발표했다. 바로 '바이오로이드'의 탄생이었다.

바이오로이드의 특징

━━━━━━━━━━━━━━━━━━━━━━

금속제 골격에 오리진 더스트의 능력을 완벽하게 발휘할 수 있도록 제작한 세포체로 구성된 바이오로이드는 소재와 세포 내의 차이를 제외하면 유전적으로나 해부학적으로는 인간과 거의 차이가 없는 존재였다.

인간과 바이오로이드를 구분하는 첫 번째 특징은 바이오로이드가 세포 내에 가지고 있는 오리진 더스트였다. 세포 내 미트콘드리아 대사에 관여하는 소체 오리진 더스트는 두 가지 작용을 한다. 하나는 미토콘드리아 가속을 통한 세포 대사 활성화이며, 또 하나는 세포 시계 텔로미어의 연장을 통한 세포 수명의 연장이다. 이 오리진 더스트를 통해 바이오로이드는 훨씬 강하면서 수명이 긴 육체를 얻게 되었다.

두 번째 특징은 강한 금속제 골격으로 구성되었다는 점이다. 기존의 강화 시술에서 인간의 칼슘 유기체 골격은 강화된 근력을 견디기 어려웠기에 강화인간 이상으로 강한 힘과 민첩성을 발휘해야 했던 바이오로이드를 위해 속을 비운 대신 내부를 트러스 구조로 보강하여 가벼우면 서도 필요 충

분 이상의 구조 강도를 지닌 금속 골격이 만들어졌다.

다만, 특수한 목적으로 제작된 바이오로이드의 경우에는 내부까지 완전히 꽉 채운 금속 구조 골격을 사용했으며, 개중에는 희귀 금속까지 아낌없이 사용해서 만든 기종도 존재했다.

세 번째 특징은 인공 신경, 그리고 업무 모듈에 있다. 신경 세포를 일종의 전자 회로처럼 사용하여 배양한 인공 신경은 바이오로이드들이 인간들의 뜻에 부합하는 생각과 행동을 하도록 만들었다. 하지만 시시각각으로 변하는 복잡한 신경계를 완전히 제어할 수는 없었기에 인간은 아주 작은 전자 제품으로 이를 해결했는데, 그것이 바로 업무 모듈이다.

출고 직후의 바이오로이드라도 별도의 학습 없이 언어를 구사하고 기본적인 업무를 수행할 수 있는 것은 바로 업무 모듈 때문인데, 업무 모듈은 작은 반도체 프로세서로 구성되어 있으며, 복수의 바이오로이드가 있을 경우, 모듈의 링크를 통해 보다 높은 연산 및 운동 능력을 발휘할 수 있다.

모듈의 기능은 시간이 지나면서 바이오로이드의 뇌로 이관된다. 직무 에서 해방된 바이오로이드는 업무 모듈이 분리되기에 이론적으로는 해당 업무를 볼 수 없다고 하지만, 실제로는 장기간에 걸쳐 업무 모듈을 사용한 바이오로이드의 경우, 여전히 능력 사용이 가능한 경우가 많았다.

삼안 산업

아시아 전역에 뿌리를 내린 거대 기업체인 삼안 그룹은 동아시아에 있는 작은 나라의 스타트업 기업으로 시작해 세계에서 가장 거대한 기업 집단 으로 성장했다. 삼안 그룹은 크게 군수 산업을 담당하는 삼안 중공업과 삼안 정밀, 그리고 바이오로이드 산업을 담당하는 삼안 산업으로 이루어져 있으며 그 중에서도 그룹의 시초였던 삼안 산업이 지주 회사 역할을 맡고 있다.

세계에서 가장 거대하고 강력한 기업 집단의 중추인 삼안 산업이었지만, 그 시작은 미약했다. 삼안 산업의 시작은 두 사람의 대학생이었다. 서울에서 경영학을 전공한 김지석과 서울에 유학생으로 와 있던 애덤 존스는 오리진 더스트 연구 초반에 오리진 더스트가 인류 자체를 바꿔 놓을 것이라고 믿고 의기투합하여 삼안 산업을 설립했다.

뛰어난 사업 통찰력의 소유자 김지석과 생명공학에 있어 천재적인 아이디어를 자랑하던 애덤 존스의 조합은 곧 두각을 나타냈으며 그들의 회사를 작은 규모에도 불구하고 기술적으로 업계 수위에 들도록 했다.

오리진 더스트 산업이 중요해지면서 삼안 산업은 빠르게 성장했다. 특히 연구를 맡고 있었던 애덤 존스는 바이오로이드 제작에 최초로 성공하는 위업을 달성했고 게다가 라비아타 프로토타입이라는 압도적 성능의 바이오로이드를 발표, 어떤 기업 집단도 삼안 산업의 기술을 능가할 수 없다는 절망을 안겨 주었다.

모두들 삼안 산업의 성장과 그들의 제품에 감탄했다. 외부에서 보기에 김지석과 애덤 존스의 결속은 그 무엇보다도 단단해 보였다. 하지만 그들의 사이에는 균열이 생기고 있었다. 애초에 서로를 이해하지 못하고 수단으로만 생각하던 두 사람에게는 당연한 일이었다.

김지석은 기업 내에서 바이오로이드 복지와 기술에 대한 이상론을 펼치며 자신의 의견에 사사건건 반대하는 애덤 존스를 제거할 필요가 있었다. 애덤 존스는 김지석과 함께 두 명의 대주주였기에 기업 지배를 위해서도 당연한 일이었다. 김지석은 고민 끝에 결국 애덤 존스의 숙청을 결정했으며 이는 빠르게 실행되었다. 바이오로이드 복지 문제로 다른 주주들의 불만을 샀던 애덤 존스는 김지석의 올가미를 벗어날 수 없었다.

표면적으로는 애덤 존스는 라비아타의 개발을 위해 소모했던 막대한 비용 때문에 자리에서 물러난 것으로 처리되었다. 하지만 실상은 일개 연구원으로 좌천된 것이었다. 다른 기업체를 물색했지만 어림없는 일이었다. 작은 기업체들은 이 업계의 지배자 중 하나였던 삼안 산업을 거역할 수 없었고 삼안 산업과 겨룰 만한 덩치를 지닌 블랙 리버와 펙스 컨소시엄은 삼안 산업보다 바이오로이드를 훨씬 험하게 다루는 곳이었다.

실의에 빠진 그는 라비아타 프로토타입의 기술에 대한 많은 부분을 비밀로 묻고 자신만의 연구에 빠져들었다. 김지석 역시 폐인이 된 애덤 존스에 만족하고 그를 내버려 두었다. 그것이 오랫동안 자신과 함께 했던 동업자에 대한 마지막 배려였다.

내부적 불화와는 관계없이 삼안 산업은 엄청난 이익을 내고 있었다. 콘스탄챠 시리즈는 높은 가격에도 불구하고 어마어마한 인기를 누리며 삼안 산업에 막대한 이익을 안겨 주었고, 최고위층을 위한 알렉산드라와 리리스 시리즈도 확고하게 시장에 자리를 잡았다. 하급 라인업이 좀 부족하긴 했으나 시장에서 삼안 산업의 높은 수익률을 따라잡을 기업은 없었다.

중간에 연합 전쟁이나 실각한 천재 애덤 존스의 납치 사건 등 사소한 일은 있었지만 삼안 산업은 결국 정부와의 연합 전쟁에서 승리했고 애덤 존스가 가진 기술의 유출도 막을 수 있었다. 물론, 덤으로 잠재적 위협 이었던 애덤 존스의 죽음은 생각지 못한 이득이었다. 애덤 존스가 쥐고 있던 그의 거대한 지분은 그의 아내가 상속했지만, 김지석의 개인 바이오로이드 하나를 받는다는 조건으로 주식을 매각하면서 김지석의 지배는 더욱 공고하게 되었다.

삼안 산업과 김지석은 더 큰 꿈을 꾸기 시작했다. 이제 곧 하찮은 경쟁자들인 블랙 리버와 펙스 컨소시엄을 이기고 나면 MP NW101에 대한 연구가 본격화 될 것이고, 다른 기업과의 기술적 격차는 더욱 벌어질 것이다. 그 후엔 삼안의, 삼안에 의한 지배와 평화가 새로운 세계의 헤게 모니가 되리라. 김지석은 그렇게 꿈꿨다.

만약 그 '멸망의 날'이 오지만 않았다면, 지구는 새로운 지배자를 맞이했을지도 모르는 일이다.

블랙 리버

블랙 리버 유한회사는 다른 바이오로이드 제작사와는 달랐다. 블랙 리버는 본래 제조사도 아니었고 바이오로이드를 팔아 돈을 번 것도 아니었다. 블랙 리버는 바로 바이오로이드의 피를 통해 성장한 회사였다.

블랙 리버는 20세기에 설립된 PMC, 즉 민간 군사 기업을 기원으로 하고 있었다. 원래 블랙 리버는 리오보로스 가문이 보유한 곡물 메이저인 마고 인터내셔널이 비밀리에 투자한 회사였다. 전 세계의 곡물을 움직이는 마고 인터내셔널은 자신들의 세계 곡물 패권에 방해가 되는 국가나 테러 단체 등을 제압할 무력이 필요했고, 블랙 리버는 그 역할을 충실히 해왔다. 2035년 아르헨티나에서 벌어진 하얀 궁전 쿠데타나 라이베리아의 독재자 조지 쿠먼의 장기 집권 등에 관여한 것도 바로 이들이었다.

이러한 블랙 리버의 상황이 극적으로 변한 것은 앙헬 리오보로스의 대에 이르러서였다. 가문의 서자 중 하나로 블랙 리버의 일부를 물려받은 앙헬은 고작 PMC를 거느리고 마고의 거대한 부를 지키는 번견으로 머무르는

것에 만족할 수 없었고, 자신이 가진 아주 특별한 지위를 이용해 가문을 뒤엎을 계략을 꾸미게 된다.

이때 그가 주목한 것은 당시 유행했던 바이오로이드 산업이었다. 아직 실용화되진 못했으나 바이오로이드의 가능성에 매료된 앙헬은 여성형 바이오로이드에 힘을 실은 삼안 산업과 달리 처음부터 군사용으로 사용할 남성형 바이오로이드의 제작을 목표로 삼았다. 이를 위해 앙헬은 자신의 모든 재산을 들여 당시 미국에서도 수위의 기술력을 보유했다는 평가를 받고 있던 바이오로이드 제작사 발키리를 인수한 뒤 '고블린'을 개발해냈다.

고블린은 혁명이었다. 적어도 방어용으로는 AGS 시스템이 최고의 선택이었지만 공격 임무에서는 '기계를 이용한 학살'이라는 오명을 뒤집어쓸 우려가 있었다. 제7차 남오세티아 전쟁에서 미군이 윤리적 원칙에 따라 군사력을 행사했음에도 AGS를 투입했다는 이유만으로 세계적 비난을 받은 것이 그 예였다. 하지만 고블린은 달랐다. 바이오로이드 전투병은 '기계적 학

살'이라는 인상을 주지 않으면서도 압도적인 군사적 우위를 유지할 수 있도록 했다. 시험 투입된 전투에서 고블린은 압도적 승리를 거뒀으며, 미군으로부터 'T-1', 즉 보병Trooper 제1호라는 역사적인 제식명을 받는 데 성공했다.

가문에서 앙헬의 지위는 크게 올라갔다. 앙헬의 군사력은 전 세계를 움직이는 리오보로스 가문의 재산을 확실히 보호할 수 있었고, 이를 이용해 앙헬은 가문의 원로들을 뜻대로 움직이기 시작했다. 하지만 아무리 능력이 있어도 보수적인 원로 대부분은 후안을 지지했다. 결국 절망한 앙헬은 고블린을 이용해 가문의 적자들을 차례차례 암살하는 한편으로 원로들을 협박했고, 바이오로이드 군대의 진짜 위력을 깨달은 원로들은 굴복하고 말았다. 앙헬은 그렇게 리오보로스 가문과 마고 인터내셔널이라는 왕국의 주인이 되었다.

곡물에서 나오는 거대한 자본력과 바이오로이드 군대라는 강력한 군사력을 손에 쥔 앙헬은 전 세계의 분쟁에 개입하기 시작했다. 당시 쇠퇴해 가고 있던 미국 정부는 비난을 피하기 위해 원정에는 항상 블랙 리버를 동원했다. 여기에는 바이오로이드는 절대로 AGS의 상대가 되지 못한다는 계산도 깔려 있었는데, 일정 부분 그것은 사실이기도 했다.

세월이 흘러 앙헬의 왕국은 굳건하게 자리잡았다. 중간에 자신의 유전자를 기반으로 한 고블린의 폭력성이 드러난 사건 때문에 잠시 휘청거리긴 했지만 신속한 회수와 폐기를 약속하고 후속 모델인 '브라우니'를 재빠르게 생산해 위기를 넘길 수 있었다. 앙헬의 군대가 어느 새 전 세계를 향해 뻗어나가고 있었지만, 보유하고 있는 AGS로 충분히 제어 가능하다고 본 미국 정부는 이에 대하여 경계하지 않았다.

그렇게 세월이 흐르고 자신이 늙어 가자 앙헬은 먼 미래를 대비해 여러 가지 준비를 시작했다. 왕국의 경영을 위해 앙헬 자신의 수명을 늘리기 위

한 여러 가지 연구, 자신의 군대에 씌워진 AGS의 속박을 끊을 계획, 그리고 지하 깊은 곳의 냉동 창고로 빼돌려진 어마어마한 수의 고블린까지, 누구도 앙헬이 가진 힘과 지식의 비밀을 알지 못했다.

결국 앙헬은 자신의 경쟁자였던 김지석의 삼안 산업, 펙스 컨소시엄의 늙은이들과 손잡고 연합 전쟁을 일으켜 전 세계의 정부를 무력화시켰다. 껍데기는 남겨 두었지만 정부는 이제 회사의 자본이라는 당근과 바이오로이드 군대라는 채찍을 거역할 수 없었다. 앙헬은 자신의 세력권으로 미국 동부와 북유럽 일부, 서부 아프리카, 아르헨티나 및 칠레를 분배받았다. 물론, 앙헬은 여기에 만족할 생각이 조금도 없었다.

그러던 중, 앙헬은 삼안 산업의 김지석이 아주 귀중한 기술을 손에 넣었다는 것을 알게 되었다. 외계 생명체로 추정되는 'MP NW101'이었다. 육체의 노화를 걱정하던 앙헬은 그 괴생명체가 가진 반도체 신경계 안에 영원한 생명의 비밀이 있음을 깨달았다. 앙헬은 즉시 자신의 첩보 활동을 담당하던 080기관을 움직였다. 하지만, 삼안의 경비는 삼엄했고 냉혹한 김지석은 이 도발에 적극적으로 대처했다. 제2차 연합 전쟁이 벌어진 것이다.

하지만, 그는 눈앞의 적에 정신이 팔려 더 큰 적을 보지 못했다. 철충들이 하늘에서 떨어진 날, 앙헬은 자신의 기반 중 절반 이상을 잃었다. 그는 급히 김지석과 손을 잡았고 그 증표로 자신들이 가진 최고의 바이오로이드를 맞교환하는 특별한 거래를 했다. 자신들의 기술을 완벽하게 내놓는다는 의미였다. 이에 따라 삼안의 라비아타와 블랙 리버의 무적의 용이 교환되었지만, 이 동맹은 끝내 빛을 보지 못했다. 앙헬과 리오보로스 가문의 원로들 모두가 흽노스 병으로 사망하고 말았기 때문이다. 최강의 바이오로이드였던 라비아타도 병으로부터 새 주인을 지켜줄 수는 없었다.

전 세계를 노리던 앙헬과 리오보로스 가문은 그렇게 잠들었다. 자신들이 숨겨 둔 거대한 비밀과 함께.

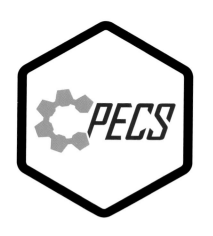

세계관 소개 3. 펙스 컨소시엄

당시의 미국인이라면 거의 모두가 「PECS」라는 네 개의 문자로 이루어진 로고를 친숙하게 느낄 것이다. 「공공 긴급 호출 서비스(Public Emergency Call Service)」라는 이름에서 시작된 이 거대 기업 동맹은 미국을 기반으로 세계의 거대한 공업을 좌지우지했고 전 세계에서 생산되는 소비재의 10%를 생산하던 거대 기업 연합이었다.

당시 미국의 강대한 공업력의 부활을 상징했던 클로버 산업과 오메가 공업을 위시한 일곱 개의 기업은 삼안 산업과 블랙 리버의 급성장을 보고 미래 산업에 대한 구상을 시작했지만, 생명 공학의 기반이 거의 없었기에 성장하던 바이오로이드 회사들을 닥치는 대로 인수하기 시작했고, 마침내 그들의 운명을 결정하게 될 회사를 인수할 수 있었다. 바로 골든 폰 사이언스였다.

천재적인 여성 과학자, 보르비예프가 세운 골든 폰 사이언스는 기술력은 매우 뛰어났지만 오메가 산업의 방해로 자금난을 겪고 있었다. 노회한 일곱 회사의 우두머리들은 골든 폰 사이언스를 한계까지 몰아붙여 그녀에게서 항복을 받아내고 골든 폰 사이언스가 가지고 있던 특허와 기술을 모두 손에 넣을 수 있었다. 그리고 그 중에서도 가장 가치 있는 것은 바로 보르비예프가 마지막으로 완성했던 바이오로이드 비서 '레모네이드'였다.

보르비예프 자신의 유전자를 베이스로 탄생한 이 업무 보조용 바이오로이드는 정신적으로 완벽한 바이오로이드였다. 그녀는 냉정하고 침착하며 현실적이었지만 동시에 천재적이었다. 그 중에서도 가장 우월한 점이 있다면 바로 다른 바이오로이드보다 학습 능력이 압도적으로 높았다는 점이었다. 컨소시엄의 수장들은 그녀의 진정한 가치를 단숨에 알아보았다.

컨소시엄의 수장들은 직접 그녀를 교육했다. 당연히 양산 계획은 중단되었고 단 일곱 명의 레모네이드만이 생산되었다. 일곱 레모네이드는 자신의 주인을 따라 필요한 모든 지식을 배웠다. 경영, 금융, 산업, 과학, 심지어 범죄까지. 레모네이드는 유전자를 물려준 천재 과학자 보르비예프도 범접할

13

수 없는 학습 능력을 보였고, 2년이 가기 전에 필요한 모든 형태의 지식을 습득할 수 있었다.

펙스 컨소시엄의 막대한 자본, 비서 레모네이드의 천재적인 경영 수완은 후발 주자였던 펙스 컨소시엄을 단숨에 삼안 산업 및 블랙 리버와 대등한 대열에 올려놓았다. 바이오로이드 판매업이나 용병업에서 두각을 나타낸 두 회사와는 다른 시장을 차지하려 했던 펙스 컨소시엄은 민수용 바이오로이드 임대업을 시작했고, 곧 어마어마한 성공을 거둘 수 있었다. 당연한 결과였다. 점점 빈부격차가 벌어지고 정부의 재정이 악화되고 있던 시점이었다. 비싼 바이오로이드는 파는 게 아니라 임대하는 게 더욱 현명했다.

하지만 상업적인 대성공도 잠시, 곧 큰 악재가 닥쳐왔다. '뉴올리언스 사건'과 사건의 사후 처리 과정에서 제정된 '에머슨 법'과 '공용 바이오로이드에 관한 법률'이 바로 그것이었다.

판매되기 전의 바이오로이드는 정부와 시민을 위해 봉사해야 한다는 것을 명시한 이 괴이한 법은 바이오로이드 임대업에서 막 판매로 사업을 확장하려던 펙스 컨소시엄에 큰 악재로 작용했다. 매장에 전시되어 있던 바이오로이드가 터무니없는 이유로 끌려 나가 사람들의 증오를 온몸으로 받아내야 했고, 결국엔 신체가 크게 훼손되어 상품 가치를 완전히 잃게 되는 일도 많았다. 펙스의 일곱 수장은 레모네이드들에게 해결책을 요구했고, 레모네이드는 곧 방법을 찾아낼 수 있었다.

얼마 후, 말레이시아에서 전쟁이 터졌다. 오메가 산업의 계열사인 문화인형이 말레이시아 정부와 벌인 전쟁이었다. 레모네이드는 이미 이 사태를 예측하고 있었기에 무력 사태가 벌어지자마자 사태를 키우기 위해 힘썼다. 연합 전쟁의 시작이었다.

연합 전쟁을 통해 블랙 리버나 삼안 산업보다 한 수 아래로 여겨졌던 펙스 컨소시엄은 드디어 자신의 능력에 어울리는 위치에 올라설 수 있었다. 이후 삼안과 블랙 리버 사이에서 벌어졌던 2차 연합 전쟁에서도 레모네이드는 겉으로는 동맹인 블랙 리버를 지원했지만, 결정적인 승리는 방해하며 조금씩 세력을 펼쳐 나갔다.

하지만, 레모네이드는 단 한 가지를 예상하지 못했다. 바로 철충의 침공이었다.

레모네이드의 조치는 늦지 않았다. 펙스 컨소시엄의 모든 공장들을 중심으로 모든 바이오로이드들이 자체적인 방어에 나섰고, 고급 모델들은 일곱 총수가 모인 섬으로 모이게 해서 방어를 굳혔다. 하지만, 휩노스 병은 총수들의 늙은 육체를 덮쳐 그들을 죽음으로 몰았다. 레모네이드는 자신을 위해 무언가를 할 모든 이유를 잃어버리고 말았다.

그때, 일곱 레모네이드는 생각했다. 주인을 살리고 싶다고. 하지만 죽은 이를 살리는 것은 불법이었고 바이오로이드가 할 수 없는 일이었다. 일곱 레모네이드는 다시 생각했다. 그렇다면 이 일곱 주인을 새로 만든다면 어떨까?

사람은 바이오로이드를 만들었다. 그렇다면 바이오로이드라고 사람을 만들지 못할 이유가 없지 않은가? 물론, 인간 육체 생산은 당연히 불법이었고 바이오로이드는 절대로 할 수 없는 행동이었지만 아직 주인들의 육체는 남아 있었다. 육체를 만들 수 없다면 육체를 재활용해 새로운 주인을 만드는 것은 불법이 아닐 것이다. 옛 주인이되 주인과는 다른 존재를 만들어야 했다. 레모네이드는 일곱 주인의 육체를 냉동시키고 이 모순을 해결할 방법을 찾으려 했다.

많은 세월이 지났다. 일곱 레모네이드 중, 단 한 명만 남고 모든 레모네이드는 그 방법을 찾기 위해 전 세계를 여행했다. 일곱 레모네이드의 수장, 오메가 레모네이드는 자신들의 거대한 섬에서 여전히 컨소시엄의 마지막 남은 유산과 주인들의 늙은 육체를 수호하고 있다. 아마, 주인을 다시 만들 그 방법을 찾을 때까지 영원히.

덴세츠 사이언스

옛 영광을 뒤로 한 채 서서히 저물어 가고 있다고는 하나 여전히 강대한 힘과 고도의 기술력, 오랜 과학의 전통이 남아 있는 동아시아의 국가에서 태어난 덴세츠 사이언스는 비록 규모 면에서는 삼안 산업이나 블랙 리버에 미치지 못했지만 바이오로이드와 세계에 가장 큰 영향을 준 기업 가운데 하나였다.

서로 큰 영향을 주고받았던 삼안 산업과 블랙 리버, 펙스 컨소시엄과 달리 덴세츠 사이언스는 독자적이며 독창적인 루트로 성장했다. 그들은 단순히 가정용이나 산업용 바이오로이드를 생산하는 것에 그치지 않고 좀 더 창의적인 방식으로 가치를 창출했다.

퇴보 없이 꾸준히 성장한 덴세츠 사이언스의 성공에는 여러 가지 이유가 있었다. 우선, 그들의 조국은 안보와 국방을 이유로 외국산 바이오로이드 수입에 상당한 제한을 두고 있었고, 덴세츠 사이언스는 이를 이용해 자국 내에서 압도적인 시장 점유율을 차지할 수 있었다. 즉, 거대한 내수 시장을 바탕으로 거대 기업으로 성장할 수 있었던 것이다.

하지만 이러한 성장을 이뤄낸 것은 단순히 국가의 보호 때문만은 아니었다. 그들은 그 누구보다도 강력한 문화적 역량을 가지고 있었기 때문이다. 일반적인 기간 산업을 배경으로 성장한 다른 기업들과 달리 덴세츠 사이언스는 덴세츠 동화라는 영화 제작사를 모체로 하고 있었다. 그들은 자신들의 태생과 걸맞은 완전히 새로운 사업 아이템을 가지고 있었는데 그것은 바로 인류가 생각해낸 모든 판타지의 실사화였다. 즉, 그들은 대중들이 가진 모든 판타지를 눈앞에서 구현하기 위해 바이오로이드를 생산한 것이었다.

아름다운 외모에 신체 능력도 뛰어난 바이오로이드들은 곧 새로운 문화 산업의 첨병이 되었다. 영화, 연극, 대중음악, 심지어 성인용 영상물 산업에 이르기까지 바이오로이드는 인간 연예인들을 거의 완벽히 대체했다. 당연한 일이었다. 그들의 아름다운 외모는 별다른 화장이나 보정이 필요 없었고 그들의 뛰어난 신체 능력은 언제든 최고의 화면을 만들어낼 수 있었다. 게다가 아예 배역에 맞추어 그들의 성격과 외모를 규정하는 것까지 가능했기에 만들어낼 수 있는 몰입도 또한 비교할 수가 없었다. 그들은 등장하자마자 기존의 모든 미디어 컨텐츠를 압도했다.

시대극 「대전란 ~ 시들어 버린 무로마치의 꽃 ~」은 바로 덴세츠 사이언스가 거둔 성공의 상징이 되었다. 국내 시청률 49%를 달성한 이 찬바라 로맨스 드라마는 곧 아시아 전역의 시청자들을 사로잡았고 덴세츠 사이언스를 단숨에 그들의 나라에서 10위 안에 드는 거대 기업으로 성장시켰다. 피를 보는 것마저도 두려워하지 않는 그들의 예술혼은 거칠 것이 없었다. 영화 「예루살렘의 검은 방패」는 그 해 전 세계 극장가를 지배했고 그들의 자극적인 미디어는 지구 곳곳으로 뻗어 나갔다.

하지만 이러한 성공에도 덴세츠 사이언스는 만족하지 않았다. 그들은 자신들의 기업이 더욱 위대해지기를 원했다. 그리고 그 목표를 위해 덴세츠 사이언스는 조금 위험한 방법을 쓰기 시작했다.

덴세츠 사이언스가 국내 제일의 기업이 된 한 달 후, 그들의 조국에서는 새로운 법이 제정되었다. '바이오로이드의 권리에 관한 기본법'. 통칭 '키리시마 법'이라고 불리는 법이었다. 이 법을 간단히 요약하면 바이오로이드는 생명체가 아닌 무생물과 동일하게 취급하며 생명권을 인정하지 않는다는 것이었다. 아무리 잔인한 인간이라도 경악할 이 어이없는 법은 놀랍게도 의회에서 별다른 반대 없이 압도적인 표차로 가결되었다. 몇몇 의식이 있는 인사들은 그 법에 저항했지만 곧 무자비하게 진압당했다. 그리고 마치 그 법의 통과를 기다렸다는 듯 새로운 프로그램이 문화계를 강타했다.

'붉은 아레나'라고 불린 이 리얼 격투 프로그램은 전 세계를 경악시켰다. 주먹이 아닌 진짜 무기로 아름다운 바이오로이드들이 목숨을 걸고 싸우는 현대판 검투 경기. 게다가 바이오로이드들은 전설 속의 영웅들을 모티브로 제작되어 전문적인 전투 훈련까지 받은 상태였다. 그들의 아름답지만 잔혹한 싸움은 전 세계에 방송되었고 사람들은 경악했다. 바이오로이드들은 정말로 서로를 죽이기 위해 싸우고 있었다.

'붉은 아레나'를 통해 전 세계에서 어마어마한 수익을 올린 덴세츠 사이언스였지만 동시에 세계적인 비난의 대상이 되기 시작했다. 여러 국가의 정부에서 프로그램 제작과 방영을 그만두도록 압력을 넣었지만 그들은 정치인들의 비호 아래 꼼짝도 하지 않았다. 그들의 조국에 사는 사람들 중 일부는 의아해했지만 대부분의 국민이 덴세츠 사이언스와 계열사인 D-엔터테인먼트가 제공하는 달콤한 과실에 빠져 있었기에 그들은 큰 저항에 부딪히지 않았다.

그들의 잔혹함이 다시 수면 위로 올라오는 데에는 몇 년의 시간이 필요했다. 한 기자와 그의 바이오로이드 '즐거운 토모'가 목숨을 걸고 진실을 밝혀낸 것이었다. 그들이 중의원 키리시마를 통해 지속적으로 바이오로이드 성상납을 한 것은 물론, 전투 바이오로이드로 반대파에게 테러를 가하거나 암살을 자행했으며, 이들의 영향력 때문에 바이오로이드의 기본권이 박탈되었다는 진실이 보도되자 국민들은 경악했다. 바로 '키리시마 스캔들'이었다.

이 추잡한 진실을 덮으려 정치인들은 바쁘게 움직였지만, 이미 국내외의 분노는 절정에 달한 상태였다. 게다가 그들에게 또 다른 악재가 터졌는데 바로 미국에서 벌어진 뉴올리언스 사건이었다. 덴세츠 사이언스는 물러나지 않을 경우, 정말로 큰 위기에 처할 것을 알았기에 머리를 숙였다. 그들은 새로운 법을 받아들였고 잔인한 콘텐츠 산업을 중지시켰다. 그리고 자신들의 바이오로이드를 공공에 제공하기 시작했다.

하지만 바이오로이드들에게는 불행하게도 그녀들의 기본권을 지켜 주겠노라고 말했던 민중들의 잔인함은 그녀들의 주인에 못지않았다. 산업 및 문화 서비스용으로 시민들에게 제공된 바이오로이드는 각종 범죄의 대상이 되었고, 상품을 훼손당한 덴세츠 사이언스는 이를 갈며 이 상황을 타개할 방법을 찾기 시작했다.

얼마 지나지 않아 기회가 찾아왔다. 덴세츠 사이언스에 납품하던 말레이시아의 문화 인형이라는 바이오로이드 제조사가 정부와의 전쟁에서 승리를 거둔 것이다. 전 세계가 전란에 휩싸이게 되자 덴세츠 사이언스도 움직였다. 그들은 전투에 능숙한 바이오로이드들의 무기를 개조하고 다시 훈련시켜 정부와의 전쟁에 참여했다. 삼안 산업의 지원에 힘입어 전쟁에 승리한 그들은 나라를 지배하게 되었다.

배금주의자들은 고삐 풀린 말처럼 폭주하기 시작했다. 그들은 바이오로이드들의 모든 기본권을 박탈하고 온갖 잔인한 컨텐츠를 만들었으며 심지어는 풍속 사업까지 진행했다. 그들의 아이디어는 한계가 없었고 기상천외한 바이오로이드를 앞세워 전 세계의 문화계를 지배해 갔다.

그들의 마지막 영광은 삼안 산업과 손잡고 블랙 리버 및 펙스 컨소시엄과 전쟁을 하며 불타올랐다. 다른 바이오로이드들과는 묘하게 다른 방식으로 전투를 수행하는 덴세츠 사이언스의 바이오로이드들은 전쟁 초반에 상당히 뛰어난 전과를 올릴 수 있었다. 전과에 고무된 덴세츠 사이언스의 경영진은 더욱 기기묘묘한 바이오로이드들을 생산했고, 그 정보들과 대량의 로유전자 씨앗들을 자신들의 방공호에 깊숙이 보관했다. 그들은 승리 이후, 삼안 산업과 전 세계를 나누기로 약속했고 곧 그들의 기업이 세계 최고의 위치에 오르리라 믿고 있었다.

하지만 안타깝게도 인류의 멸망과 함께 그들의 꿈은 묻히고 말았다. 그들의 거대하고도 기묘한 상상력과 함께.

PART

각 분대 및
캐릭터 소개

2

01

PROJECT TEAM
BATTLE MAID

배틀 메이드 프로젝트는 군대에 뒤지지 않는 화력을 지닌 테러리스트와 정부군의 공격에서 개인의 안전을 완벽하게 보장할 수 있도록 가정용 메이드에 전투 능력을 부여하는 실험 프로젝트였다.

베이스는 두 번째 바이오로이드이자 가장 완벽한 바이오로이드였던 라비아타였다.하지만 그녀의 양산이 실제로는 거의 불가능했던만큼, 그녀의 마이너 버전을 중심으로 했으며 이 과정에서 바닐라 A 시리즈와 콘스탄챠 S 시리즈가 태어났다. 실질적으로 가격과 성능에서 가장 완벽한 밸런스에 도달한 기종은 고급형인 콘스탄챠 S 시리즈였으며 그 중에서도 소량 생산된 S2 모델은 전설적인 성능에 도달할 수 있었다.

이후, 실험은 중지되었으나 소수의 실험체들은 라비아타의 지휘 아래 철충과 맞섰고, 이 과정에서 많은 수가 자신의 주인을 지키다 스러지게 되었다.

PROJECT TEAM BATTLE MAID

~ Strong as beautiful ~

NO.002 라비아타 프로토타입

제조사 삼안 산업 **┃ 최초 제조지** 한국 **┃ 타입** 중장형 **┃ 역할** 공격기
신장 188cm **┃ 체중** 180kg **┃ 신체 연령** (만) 28세
전투 스타일 Weapon Master
무장 Removable plasma reactor Two-handed sword

오셨군요 주인님.
저는 라비아타 프로토타입. 이렇게 주인님을 뵙게 되어 무척 기쁘답니다.

저에 대한 최초 설계는 삼안 산업의 '배틀 메이드 프로젝트'때부터 시작되었어요. 시작부터 끝까지 모두 말씀을 드리면 너무 길어질 테니 간단히 요약해드리자면, 주인님을 어떤 테러에게서든 안전하게 지킬 수 있는 메이드를 만들어 내는 것이 '배틀 메이드 프로젝트'의 최종 목적이었죠.

하지만 저는 삼안 산업의 기술력을 외부에 증명하는 목적으로만 만들어진 반쪽짜리 모델이었답니다.

저는 삼안 산업의 모든 리소스를 할애해 제작된 만큼 어떤 아이들보다도 주인님을 안전하게 지킬 능력이 있었지만 주인님을 찾기도 전에 인간님들의 문명은 멸망했고 저는 대량 생산이 불가능하다는 이유로 슬프게도 연구소의 셸터에 갇혀 그것을 보고만 있어야 했죠.

주인님. 저는 그때와 똑같은 실수를 반복하지 않기를 열망하고 있어요. 저는 제가 만들어진 이유를 너무나도 잘 알고 있으니까요.

주인님? 주인님께 제 모든 것을 바칠 수 있게 허락해 주시겠어요?

▦ 캐릭터 아이콘

캐릭터 디자인 : Kakiman

21

캐릭터 아이콘

▼ 대기

◀ 패배

◀ 승리

한겨울의 만찬 라비아타

대기 ▶

이동 ▶

패배 ▶

◀ 승리

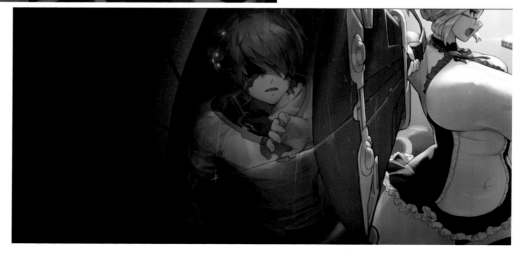

NO.003 콘스탄챠 S2

제조사 삼안 산업 ┃ **최초 제조지** 한국 ┃ **타입** 경장형 ┃ **역할** 지원기
신장 168cm ┃ **체중** 54kg ┃ **신체 연령** (만) 25세
전투 스타일 Hunter ┃ **무장** Winchester 1887 Custom

드디어 뵙는군요. 주인님.
제 이름은 콘스탄챠 S2. 저는 가사나 경비 업무처럼 주인님의 일상과 안전을 돕기 위해 만들어진 메이드형 바이오로이드랍니다.

저희는 테러리스트나 정부군의 공격으로부터 주인님을 안전하게 지키기 위해 라비아타 언니를 기반으로 만들어졌어요. 비록 순수 전투 능력은 라비아타 언니에 미치지 못했지만, 비용이나 생산 용이성, 그리고 언제나 주인님과 함께 있을 수 있다는 점에서는 확실히 호평을 받았답니다.

저희는 전투용으로 설계된 만큼, 어떠한 교전 상황에서도 유연하게 대처할 수 있었어요. 저와 함께 출시된 자매품인 보리와 함께 원거리에서 화력을 지원하거나 적을 교란시켜 주인님을 어떤 상황에서도 지킬 수 있었죠.

저는 주인님을 지키고, 주인님을 돕기 위해 존재한답니다. 어디를 가시든 저는 주인님을 따라가겠어요.

주인님? 우리 영원히 함께 할 수 있겠죠?
어쩌면 마지막을 향해 갈지도 모르는 세상이지만.

▦ 캐릭터 아이콘

캐릭터 디자인 : Kakiman

26

캐릭터 아이콘

전투수트 콘스탄챠

캐릭터 아이콘

캐릭터 아이콘

콘스탄챠 기본 스킨

▲ 대기　　　　▲ 패배　　　　▲ 승리

전투수트 콘스탄챠

▲ 대기　　　　▲ 패배　　　　▲ 승리

안경을 벗은 콘스탄챠

▲ 대기　　　　▲ 패배　　　　▲ 승리

나이트 드레스 콘스탄챠

▲ 대기　　　　▲ 패배　　　　▲ 승리

모유 수유가능

지퍼

165cm
F컵

가슴 리본 풀 수 있음

세라피아스 앨리스

제조사 삼안 산업 **∥ 최초 제조지** 한국 **∥ 타입** 기동형 **∥ 역할** 공격기
신장 178cm **∥ 체중** 65kg **∥ 신체 연령** (만) 24세
전투 스타일 Grim Reaper **∥ 무장** Steel Rain MML

안녕하세요, 주인님.
전 하늘에서 불의 비를 뿌리는 주인님의 메이드 세라피아스 앨리스예요.

전 다른 배틀메이드 자매와는 다른 형태로 태어났어요. 제 자매들은 성능
이나 성격은 가지각색이라도 모두 주인을 섬기고 보호하기 위해 제조되
었죠. 전투 역시 주인을 보호하고 주인을 위협하는 적들을 제압하는데 강
점을 가지고 있었고요.

하지만 전 달라요. 전 오직 지역 제압을 위해, 전쟁을 위해 태어났으니까
요. 연합 전쟁 말기, 삼안의 병력이었던 배틀 메이드들의 부족한 화력을
지원하기 위해 전 태어났고, 자매들을 위해 하늘을 날아다니며 전장에 강
철로 된 화염의 비를 뿌렸죠. 제 우수한 성능 때문에 전 메이드가 가져야
할 모듈은 많이 얻지 못했어요. 하지만, 전투에 대한 모듈이라면 자매들
중 누구보다도 많이 가지고 있죠.

그런 부분 때문에 라비아타 언니는 저를 복각하는 데 고민을 했었죠. 화
력보다는 언젠가 올 주인님을 지킬 수 있는 메이드가 더 필요하다고 생
각했으니까요. 하지만 나빠지는 상황은 결국 절 복각시키게 했고 지금 전
철충들을 괴롭히고 자매들에게 새로운 기회를 주고 있죠. 정말 제가 메이
드로서 부족하냐고요? 그럴 리가요. 전 주인님이 원하시는 모든 걸 할 수
있어요. 물론, 주인님의 취향이 제 깊은 곳에 간직한 욕망과 맞아야겠지
만… 한 번… 알아보시겠어요?

▦ 캐릭터 아이콘

캐릭터 디자인 : SNOWBALL

앨리스 기본 스킨

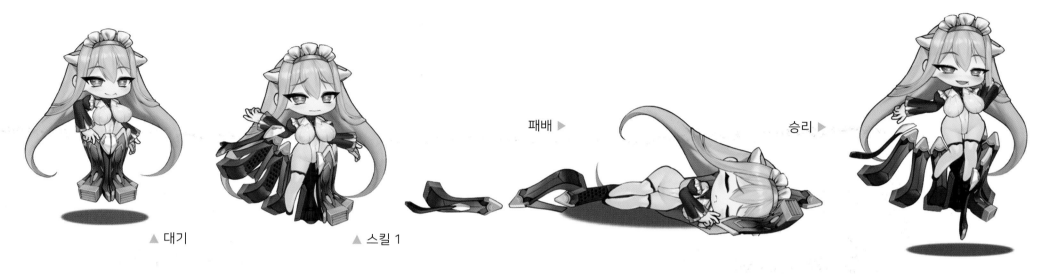

패배 ▶

승리 ▶

▲ 대기

▲ 스킬 1

밤의 여왕의 초대

대기 ▼

이동 ▼

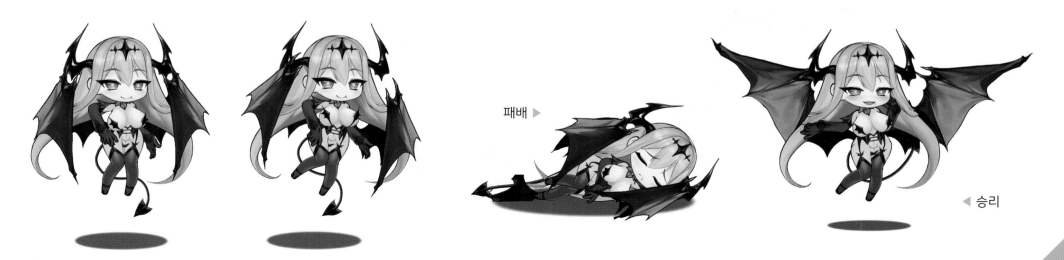

패배 ▶

◀ 승리

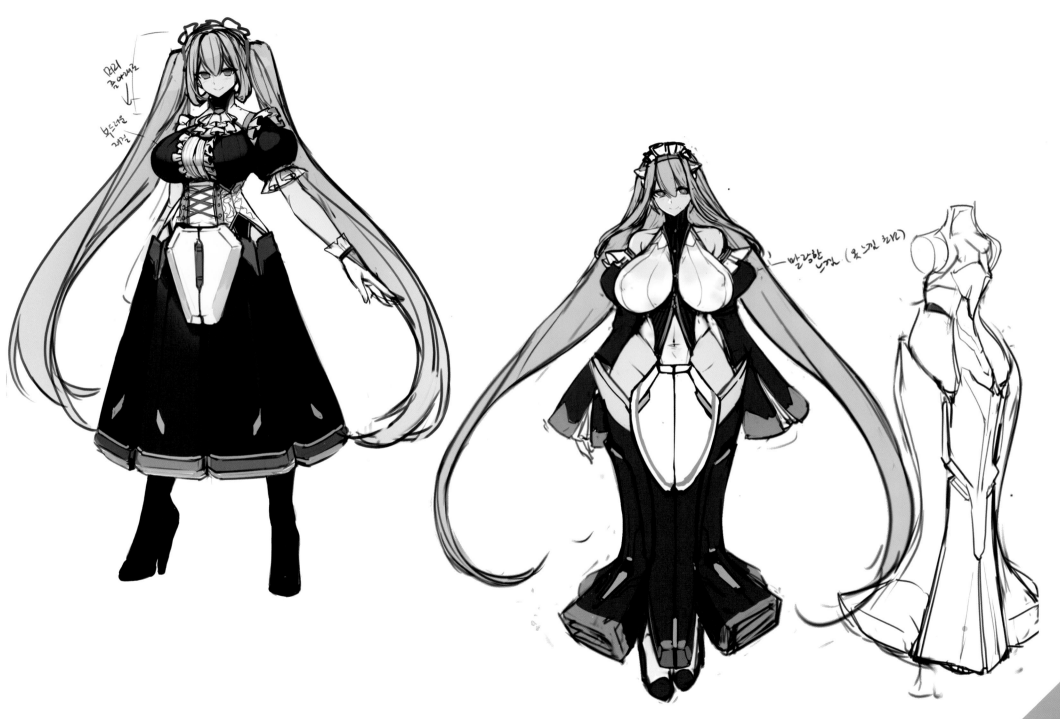

바닐라 A1

제조사 삼안 산업 ┃ **최초 제조지** 한국 ┃ **타입** 경장형 ┃ **역할** 공격기
신장 152cm ┃ **체중** 40kg ┃ **신체 연령** (만) 16세
전투 스타일 Rifleman ┃ **무장** AK-99M

오셨나요 주인님? 저는 '바닐라 A1'이라 합니다.
저는 메이드형 바이오로이드. 주인님께 청소와 요리를 해드릴 수 있습니다.

그 초코케이크가 마음에 들지 않으십니까? 죄송합니다. 주인님의 입맛에는 어울리지 않는 최상급의 재료를 사용한 게 제 실수였던 것 같습니다.

저는 '콘스탄챠 S2' 모델의 후속작입니다. 정확히는 75% 이상 동일한 유전자를 사용한 동생인 셈이죠.

비록 '콘스탄챠' 모델이 '라비아타'의 양산형이라고는 하나 여전히 고가에 소량이었기 때문에 '삼안'의 모델들을 선뜻 구매하기 힘든 사령관님 같은 분들을 위해 저희 '바닐라'가 설계되었습니다. 비록 단가를 낮추기 위해 언니들보다는 필연적으로 체구가 작아질 수밖에 없었지만 가난하고 좁은 집을 거닐기에는 제 체구가 합리적이라고 생각합니다.

양산형이라는 설명에, 제 성능이 부족하다고 속단하시면 곤란합니다. 저는 작은 체구를 활용한 원거리 교전과 기동전에 능합니다, 덤으로 언니들보다 섬세한 미각 센서와 미적 감각을 장착하고 있지요.

주인님? 다시 한 번 여쭙겠습니다. 정말 제 케이크가 그렇게 맛이 없었습니까?

⠿ 캐릭터 아이콘

캐릭터 디자인 : PaintAle

인게임 SD 액션 포즈

바닐라 기본 스킨

◀ 대기

◀ 스킬 1

◀ 패배

◀ 승리

금란 S7

제조사 삼안 산업 ▮ **최초 제조지** 한국 ▮ **타입** 경장형 ▮ **역할** 보호기
신장 164cm ▮ **체중** 51kg ▮ **신체 연령** (만) 22세
전투 스타일 Escort ▮ **무장** 환도(環刀)

불초 금란, 주인님께 인사 올립니다.

저희는 이전까지의 배틀메이드와는 달리, 국가의 의뢰를 받아 제작되었습니다. 국가 행사의 의장대 겸 경호 인력으로 말이죠.

보수적인 고관대작들이 모이는 자리인 만큼 무장은 전통적인 옛 무사의 것을 그대로 따랐으나, 활과 화살이 참석자분들께 위협이 될 수 있다는 이유로 동개일습을 무장에서 제외하고 환도 한 자루만 남기게 되었습니다.

그후 저희는 외형적으로는 좋은 평가를 받으며 의장대 역할을 훌륭하게 수행했습니다. 하지만 주무장이 제거된 상태다 보니 이 환도 한 자루로 암살이나 테러에 대처하기엔 한계가 분명했습니다.

삼안 산업에서는 그런 문제를 해결하기 위해 저희의 오감을 극단적으로 끌어올리는 방법을 선택했습니다. 먼 거리에서의 저격에도 반응해 몸을 날릴 수 있도록요. 덕분에 전투력은 처음보다 강해졌지만, 예민한 감각 때문에 정상적으로 생활하긴 어려워졌습니다.
네, 장갑을 낀 이유도 그것입니다. 그리고… 그…

…죄송합니다. 길게 말하는 건 익숙하지 않아서… 이만 물러가는 것을 허락해 주실 수 있으신지요.

▦ 캐릭터 아이콘

캐릭터 디자인 : Rorobomb

대기 ▶

이동 ▶

◀ 패배

스킬 1 ▶

승리 ▶

02

FAIRY
SERIES

주로 고급형 개인용 바이오로이드 생산에 주력하던 삼안 산업이었지만, 산업용 바이오로이드 역시 삼안 산업의 주요 라인업 가운데 하나였다. 특히 농업용 메이드였던 페어리 시리즈는 인간을 농업에서 거의 축출할 정도로 인기를 모았다. 사업에 성공한 삼안 산업은 더욱 사업을 확장하였으며 페어리 시리즈에 도시 정원과 건물 관리용 바이오로이드를 추가하는 등 사업을 다변화하는 데 주력했다.

인간의 멸망 후에도 여전히 도시와 농토에 강한 집착을 보인 페어리 시리즈 바이오로이드들은 하늘을 날아다니며 철충들로부터 자신의 건물들을 지키기 위해 노력했다. 중간에 바이오로이드 저항군에 합류하라는 권유가 있었지만, 그 권유에 응한 것은 자신의 건물을 철충에게 잃고 복수심과 좌절로 불타오르는 페어리들뿐이었다.

FAIRY SERIES

~ They fly like butterflies and decorate like bees ~

오베로니아 레아

제조사 삼안 산업 ▌ **최초 제조지** 한국 ▌ **타입** 기동형
역할 지원기 ▌ **신장** 162cm ▌ **체중** 47kg
신체 연령 (만) 25세 ▌ **전투 스타일** Fairy Queen
무장 Electromagnetic Microbot

반가워요. 주인님. 제 이름은 오베로니아 레아.
모든 페어리들의 전쟁을 지휘하는 요정들의 맏이죠.

전 다른 자매들과 다르게 배틀 메이드 프로젝트에서 만들어졌답니다. 저에겐 신경 전기를 통해 금속 입자를 제어하는 능력이 주어졌죠. 하지만, 배틀 메이드 프로젝트가 좀 더 실용적인 무기, 기존에 있던 무기를 활용하는 쪽으로 방향이 바뀌면서 저를 중심으로 페어리 프로젝트가 시작되었죠.

다른 자매들이 도시의 정원을 관리하기 위해 만들어졌다면 전 그보다 훨씬 대규모의 농경에 사용되었어요. 제 금속 입자는 구름을 만들고 전기를 발생시켜 뇌우를 만들 수 있었죠. 이 뇌우로 땅은 비옥해지고 촉촉해질 수 있었어요.

인간님들의 전쟁이 심화되면서 전 조금 개조되어 대규모의 파괴를 일으킬 수 있게 되었어요. 제 뇌우는 적이 있는 영역을 손쉽게 파괴해 버릴 수 있었고, 오히려 그것 때문에 전 전쟁에 나설 수가 없었죠. 제가 나가면 '상호 확증 파괴'가 일어나는 거였으니까요.

결국, 인간님들은 멸망해 버렸고 인간님들의 땅과 건물을 지키던 저와 자매들 역시 사라져 버리고 말았죠. 하지만 배틀 메이드에 있던 자매 라비아타는 절 잊지 않았고, 전 되살아나 다시 인간님의 땅을 복원시키려 하고 있어요.

자, 이제 주인님, 저를 쓸 준비가 되셨나요?

▦ 캐릭터 아이콘

캐릭터 디자인 : SNOWBALL

오드리 문 컬렉션 〈어덜트 래빗〉

캐릭터 아이콘

▲ 대기

▲ 스킬 1

▲ 패배

▲ 승리

오드리 문 컬렉션 <어덜트 래빗>

▲ 대기

▲ 스킬 2

▲ 패배

▲ 승리

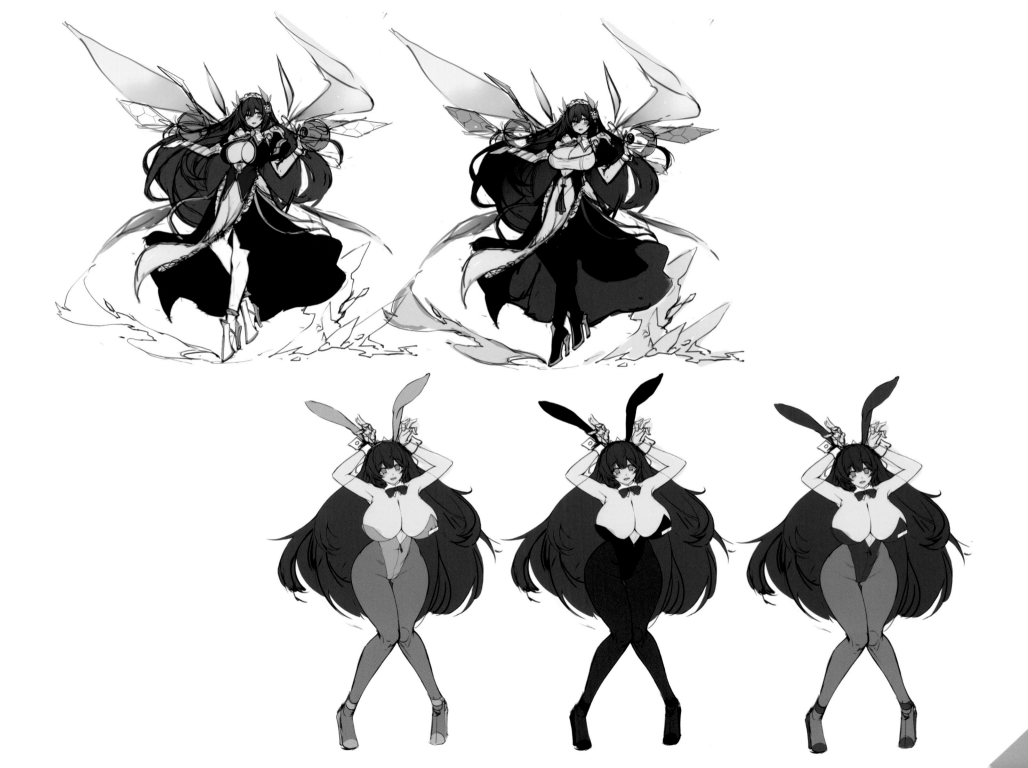

NO.007 시저스 리제

제조사 삼안 산업 ┃ **최초 제조지** 한국 ┃ **타입** 기동형 ┃ **역할** 공격기
신장 158cm ┃ **체중** 43kg ┃ **신체 연령** (만) 22세
전투 스타일 Duelist ┃ **무장** Scissors Blade

후후, 만나서 반가워요. 전 삼안 산업의 엘리자베스 A형 바이오로이드.
보통은 가위의 리제라고 불리는 정원사랍니다.

아주 오랜 옛날 수많은 기업들이 자기들의 위신을 위해 도시에 수없이 많은 공중
정원을 만들었고, 전 그 관리를 위해 만들어졌답니다. 마천루 위에 세워진 비틀리
고 어긋난 나무들을 예쁘게 자르고 제 소중한 주인님의 정원을 어지럽히는 벌레
들을 오려내는 게 제 주된 임무였죠.

처음의 전 그냥 농업용 바이오로이드였지만 몇 가지 필요성 때문에 제겐 많은 능
력이 붙기 시작했답니다. 공중에서 자유자재로 움직일 수 있는 예쁜 요정 날개와
제 주인님의 소중한 빌딩과 정원에 함부로 손대는 테러범 벌레들을 다듬어 주기
위해 제 분리형 가위도 강화되었죠. 슬프게도 저흰 주인님의 정원을 끝까지 지키
지 못하고 철충에게 맞서다가 죽어 버렸지만, 모두 주인님을 위해 끝까지 싸웠다
는 만족감 속에서 행복하게 잠들었답니다.

저흴 복원한 건 저희의 비행 능력과 인간과 곤충, 그리고 철충까지 어떤 벌레든
자를 수 있는 능력을 높게 봤던 라비아타였어요. 덕분에 새로 태어난 저희들은 주
인님의 정원을 끝까지 지키지 못했던 과거의 치욕을 씻을 수 있는 기회를 얻게 되
었죠.

나쁜 말을 하기 좋아하는 분들은 저희들의 집착이 지나치다고 말하지만 그렇지
않아요. 저흰 그저 주인님을 소중하게 여기고 좀 더 주인님과 오랜 시간을 보내고
싶을 뿐이니까요. 절 방해하는 벌레들이 없는 곳에서요.

▦ 캐릭터 아이콘

캐릭터 디자인 : Rorobomb

대기 ▶

스킬 2 ▶

▼ 패배

▼ 승리

/ 간호사 리제

대기 ▶

스킬 2 ▶

▼ 패배

▼ 승리

NO.008

다프네

제조사 삼안 산업 | **최초 제조지** 그리스 | **타입** 기동형
역할 지원기 | **신장** 165cm | **체중** 43kg | **신체 연령** (만) 21세
전투 스타일 Fairy Summoner | **무장** Wing Microbot

오래 기다려 왔답니다. 제가 관리해야 할 정원은 어디인가요?
아, 저에 대해 잘 모르신다고요?

전 삼안 산업의 공중 정원 관리용 바이오로이드 <다프네>라고 해요.
연합 전쟁 이후, 기업과 자본가들 사이에 도시 공중 정원이 유행하기 시작했고,
저흰 이 정원을 꾸미고 관리하기 위해 만들어졌어요.

본래 제가 속한 제품군인 페어리 시리즈는 농업용이었죠. 하지만 공중 정원용으
로 개조되면서 비행 능력이 향상되었고, 건물 외부를 지키기 위해 전투력은 점점
업그레이드되었죠. 멸망 전쟁은 정말 끔찍했어요. 저희들 대부분은 건물을 지키
기 위해 철충과 맞서다 죽고 말았답니다. 하지만 라비아타의 도움 덕분에 이렇게
이 하늘을 다시 날 수 있게 되었지만요.

전 여전히 식물과 정원의 수호자 역할을 하고, 건물과 그 건물에 있는 모든 생물
에게 봉사하기 위해 존재한답니다. 물론, 이 생명에는 바이오로이드 자매들도 포
함되죠. 지킬 정원이 거의 없는 현재는 마음이 공허하지만 언젠가 인간님을 찾고
그를 위한 정원이 생길 때, 전 진정 지킬 것을 찾게 될 거예요.

::: 캐릭터 아이콘

캐릭터 디자인 : Rorobomb

간호사 다프네

다프네의 우아한 수영복

캐릭터 아이콘

캐릭터 아이콘

/ 다프네 기본 스킨 ──────────●

대기 ▶

스킬 1 ▶

패배 ▶

 ◀ 승리

/ 간호사 다프네 ──────────────────●

대기 ▶

스킬 1 ▶

◀ 패배

 ◀ 승리

/ 다프네의 우아한 수영복 ──────────────●

대기 ▶

스킬 1 ▶

◀ 패배

◀ 승리

아쿠아

제조사 삼안 산업 ▌ **최초 제조지** 한국 ▌ **타입** 기동형
역할 지원기 ▌ **신장** 135cm ▌ **체중** 28kg ▌ **신체 연령** (만) 11세
전투 스타일 Guardener ▌ **무장** Toxic Acid / Cleanser

주인님 안녕? 내 이름은 '아쿠아', 정원 관리사야.

난 '페어리'의 다른 언니들처럼 정원을 관리하기 위해 태어났다고 해.
리제 언니가 가지를 치고, 다프네 언니가 마이크로봇으로 정원을 돌본다면 난 물을 조정해 식물들을 자라게 했어. 물론 난 언니들처럼 많이 팔리진 못했지만… 그래도 내가 성능이 떨어져서 그런 건 아냐. 원래 한 가지 목적으로 만들면 다용도보다 좀 덜 팔리는 건 당연하지!

어쨌든 난 좀 늦게 태어난 덕분에 첫 번째 전쟁이 멸망 전쟁이었어.
힝…. 난 활약할 틈도 없었지만… 그래도 물 대신 산성 용액을 철충한테 뿌리면서 열심히 싸웠거든? 다행히 우린 부활했고 새로운 전쟁을 준비하고 있지.

두고 봐. 이번엔 언니들보다 내가 더 유명해질 테니까 말이야.

▦ 캐릭터 아이콘

캐릭터 디자인 : PaintAle

대기 ▶

스킬 1 ▶

스킬 2 ▶

◀ 패배

◀ 승리

03

ANYWHERE SERIES

기본적으로 여러 가지 역할을 수행하는 것에 중점을 둔 가정용 바이오로이드에 주력한 삼안 산업이었지만 모든 바이오로이드가 다용도로 제작된 것은 아니었다. 몇몇 기종은 특수한 목적에 적합하도록 제작되었으며 가정과 사회 서비스 양쪽에서 사용되었다. 특히 교육용과 대규모 가사용 메이드는 규모가 큰 가정이나 학교 등에서 인기가 매우 높아 다양한 모델이 생산될 수 있었다.

인간의 멸망 이후, 애니웨어 시리즈는 삼안 산업의 다른 바이오로이드 그룹에 합류하는 경우가 많았다. 특히 많은 애니웨어 시리즈 바이오로이드들이 라비아타의 저항군에 합류했고, 화력이 충분하다면 전투용으로, 그렇지 않은 경우에는 지원역으로 활약했다.

ANYWHERE SERIES

~ Area of perfection ~

공진의 알렉산드라

제조사 삼안 산업 ┃ **최초 제조지** 러시아 ┃ **타입** 경장형
역할 공격기 ┃ **신장** 175cm ┃ **체중** 55kg ┃ **신체 연령** (만) 29세
전투 스타일 Tamer ┃ **무장** Tesla Gun

어머나, 가르칠 게 많이 보이는 분이로군요. 반가워요.
전 삼안의 가정교육용 바이오로이드 알렉산드라라고 해요.

전 본래 가정교사를 필요로 하는 최고위층 가정을 위해 만들어진 모델이었죠. 당
연하지만 교육을 위한 뛰어난 지성과 혹시라도 모를 학생의 안전을 위한 호위 기
능까지 넣은 최고급 모델. 게다가 전 학생에 맞춰 아주 상냥하고 다정한 교육부터
온 몸 구석구석이 따끔할 정도로 엄격한 교육까지 모든 교육 방법을 사용할 수 있
답니다. 덕분에 전 상류층에서 엄청난 인기를 끌 수 있었죠. 심지어 대학 수준의
교육도 가능한 지성이었기에 학생의 교육이 끝나고 난 뒤, 주인님의 가장 가까운
비서가 되는 경우도 많았어요.

슬픈 날, 인간님들이 멸망한 날, 우리는 모두 우리의 학생들과 운명을 같이했었답
니다. 하지만 우리의 지성에 대해 잘 알고 있던 라비아타가 우리의 유전자 씨앗을
찾아 우릴 다시 복원했죠. 우린 이제 사라져 버린 문명과 지식의 복구를 위해 노
력했고, 철충에 저항하는 바이오로이드 자매들이 우리의 새로운 학생이 되었답니
다. 물론 이제 교육이 아니라 전투를 위해 개조한 테슬라 건은 철충의 전자 신경
을 따끔하게 태울 정도로 강해졌고요.

전 여전히 바이오로이드 자매들의 교사로 지내고 있죠. 제 교육에 울고 또는 따끔
한 교훈에 황홀해하는 바이오로이드들을 볼 때는 이 일에 대한 보람을 깊이 느낀
답니다. 후후, 혹시 개인적인 교육을 원하신다면… 언제든 말씀만 하세요.

캐릭터 아이콘

캐릭터 디자인 : Kakiman

◀ 대기

◀ 스킬 1

◀ 패배

◀ 승리

/ 조련사 알렉산드라

◀ 대기

◀ 스킬 1

◀ 패배

◀ 승리

소완

제조사 삼안 산업 타이완 지사 **ㅣ** **최초 제조지** 타이완 **ㅣ** **타입** 경장형
역할 공격기 **ㅣ** **신장** 165.2cm **ㅣ** **체중** 54.1kg **ㅣ** **신체 연령** (만) 24세
전투 스타일 Kitchen Artist **ㅣ** **무장** 苏州(Sūzhōu) Knife

후훗. 반갑사옵니다. 소첩은 주방을 맡은 메이드 소완이라고 하옵니다.

소첩은 고귀한 주인의 입맛을 맞추기 위해 태어났사옵니다. 물론, 저를 가질 수 있는 고귀한 분들은 많지 않았고 저도 적은 수가 생산되었을 뿐이었지요. 소첩을 가진 분은 적었지만 그 분들은 혀에서 느낄 수 있는 지고의 쾌락을 얻을 수 있었사옵니다.

그럼 소첩이 전투에 뛰어들게 된 계기 말이옵니까? 당연히 주인을 위해서 아니겠사옵니까?

소첩은 제 솜씨를 맛볼 주인의 총애를 원하옵니다. 그 총애만 있다면 아무것도 필요 없지요. 하지만 주인이 철충이라는 괴물에게 당한다면 제 재주는 덧없는 잡기에 불과하게 되니까요. 당연히 소첩도 싸울 수밖에 없사옵니다.

맛을 살리기 위해 극단적으로 날카롭게 만든 칼과 맛의 시간을 지키기 위해 만들어진 민첩성, 불과 얼음 앞에서도 지치지 않는 체력은 맛을 내는 것 외에 전투에도 쓸모가 있었사옵니다. 비록 소첩은 세상에서 사라졌지만, 그걸 기억하고 있던 라비아타는 소첩을 되살렸지요.

극치의 쾌락을 원하신다면 소첩을 기억해 주시옵소서. 소첩은 개와 말의 수고로움을 마다하지 않고 주인을 모시겠나이다.

⠿ 캐릭터 아이콘

캐릭터 디자인 : SIMA

▼ 대기　　　　　　　▼ 스킬 1　　　　　　　▼ 패배　　　　　　　▼ 승리

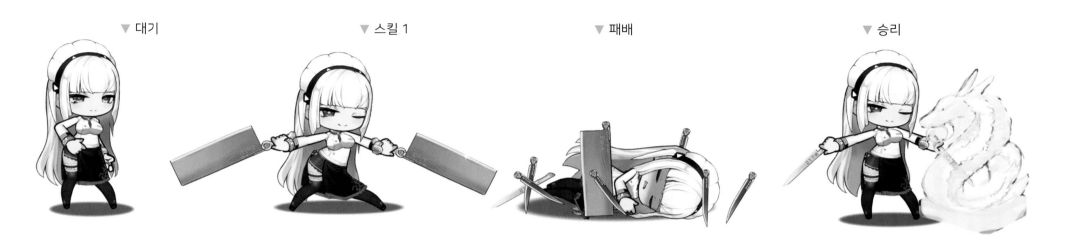

/ 소완의 함정

▼ 대기　　　　　　　▼ 스킬 1　　　　　　　▼ 패배　　　　　　　▼ 승리

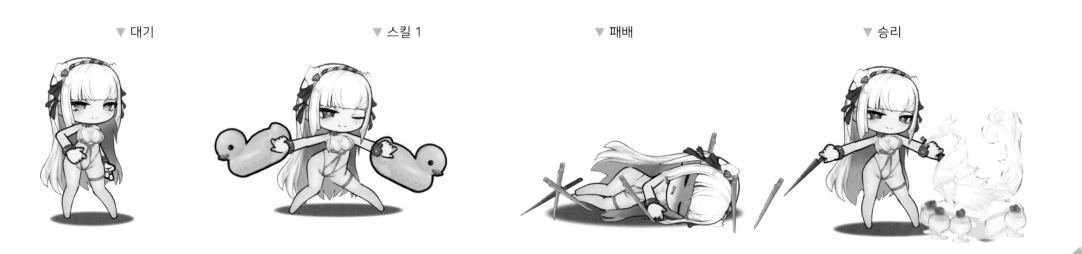

보속의 마리아

제조사 삼안 산업 | **최초 제조지** 미국 | **타입** 경장형
역할 보호기 | **신장** 174cm | **체중** 53kg | **신체 연령** (만) 29세
전투 스타일 Nanny | **무장** Shape memory alloy skirt

처음 뵙겠어요 주인님.
제 이름은 '보속의 마리아'. 주인님께서 편하신 대로 불러주세요.

저는 요인의 경호를 위해 애니웨어에서 만들어진 모델이랍니다. 저는 주로 총격전과 같은 상황에서 대상을 보호하기 위해 방탄 기능이 있는 형상 기억 합금 스커트를 착용하고, 유사시에는 제 스커트를 펼쳐서 총탄을 막아낼 수도 있지요. 어느 정도 사태가 진정되고 나면 대상을 안전한 곳으로 대피시킬 수 있도록 강도 높은 훈련을 받았답니다.

저는 일정 수준의 방호는 원하지만, 방패와 같은 부피가 큰 장비는 꺼려하시는 인간님들 사이에서 인기가 많았고, 그런 사실을 알게 된 애니웨어에서는 제가 휴대하고 다니던 대형 산탄총도 작은 상자 안에 수납할 수 있는 모델로 교체해 주었지요.

라비아타님이 저를 복각해 주신 이유는 저도 잘 알고 있답니다. 주인님을 지키기 위해서라면 저는 무엇이든 할 준비가 되어 있으니, 주인님께서는 아무 염려 마시고 제 곁에서 평안한 일상을 즐겨 주세요.

⬛ 캐릭터 아이콘

캐릭터 디자인 : SIMA

◀ 대기

◀ 스킬 1

◀ 스킬 2

◀ 패배

◀ 승리

화롯가의 포티아

제조사 삼안 산업 ∎ **최초 제조지** 한국 ∎ **타입** 경장형
역할 공격기 ∎ **신장** 165cm ∎ **체중** 55kg ∎ **신체 연령** (만) 21세
전투 스타일 Cook ∎ **무장** 3PAA Burning gauntlet

아, 안녕하세요… 전 화롯가의 포티아라고 해요… 저… 키친 메이드고요.

전 처음엔 반쯤 실패작이었다고 해요. 제 생각에도 좀 제가 쓸모 없는 게…
키친 메이드인데도 불이 무서웠거든요.

그래서 제 화염 분사 건틀릿을 다룰 때 실수도 많이 했고요. 그래도 좋으신 연구원
분들이 건틀릿 사이즈도 키워 주시고 화력에 리미트 장치를 설치해서 해결해 주신
덕분에 이런 부족한 저도… 헤헤… 출시될 수 있었어요.

제가 그래도… 제법 많이 생산된 덕분에 유전자 씨앗도 많이 남아서 라비아타 님
의 재생산 라인에도 겨우 낄 수 있었어요. 원래는 저항군의 가사를 담당했지만…
건틀릿의 화력 리미터를 해제한 후에는 전투도 충분히 가능하다는 것을 알게 되
었죠. 솔직히… 전 그 아이디어를 낸 알렉산드라 언니가 좀 무섭지만 말이에요.

지금은 그래도 저 노력하고 있어요. 전 쓸모없지만… 제 건틀릿은 철충에게 위협이
될지도 모르니까요….

⚏ 캐릭터 아이콘

캐릭터 디자인 : SIMA

◀ 대기

◀ 스킬 1

◀ 패배

◀ 승리

/ 한겨울의 썰매 사슴 포티아

◀ 대기

◀ 스킬 1

◀ 패배

◀ 승리

04

COMPANION SERIES

컴패니언 시리즈는 배틀 메이드 프로젝트에서 파생된 시리즈로, 화력이 집중되는 현장에서도 완벽한 개인 경호 임무 수행이 가능한 바이오로이드 메이드를 개발하는 것을 목표로 탄생한 시리즈다.

컴패니언들은 라비아타의 유전자를 일부 승계해 매우 전투력이 출중했으며, 자신들의 주인에 집중하는 경향이 매우 강한 특징을 보여 부자들에게는 최고의 경호원으로 이름이 높았다.

인류의 멸망 이후, 컴패니언들은 복수심을 불태우며 적극적으로 철충에게 복수를 시행했기에 엄청난 피해를 입었지만, 철충에게 가장 치명적인 피해를 입힌 시리즈이기도 했기에 바이오로이드 사이에서 높은 명성을 얻을 수 있었다.

COMPANION SERIES

~ Your closest Companion ~

NO.016

블랙 리리스

제조사 삼안 산업 ▮ **최초 제조지** 한국 ▮ **타입** 경장형 ▮ **역할** 보호기
신장 160cm ▮ **체중** 47kg ▮ **신체 연령** (만) 20세
전투 스타일 Guardian ▮ **무장** AP2090 Mamba Pistol × 2

후후, 드디어 저를 찾아오셨군요. 주인님?
블랙 리리스가 주인님께 정식으로 인사드리겠어요.

저는 삼안의 '배틀 메이드' 프로젝트에서 개인 경호 능력에 집중해서 완성
시킨 모델이에요. 그런 이유로, 저는 삼안 산업의 기술력이 총동원된 개인
방호 시스템을 갖추고 있답니다. 쉽게 말해… 제가 주인님의 곁에 있는 한,
어설픈 폭격 정도로는 우리 둘만의 시간을 방해할 수 없다는 뜻이지요.

그 실전 테스트 도중에 자그마한 '사고'가 있어서, 전원 폐기될 뻔하긴 했
다는 소문이 잠깐 떠돌았지만, 주인님은 안심하셔요. 제 성능에는 아무런
문제가 없었답니다. 저는 아무런 문제가 없어요….

남은 이야기는, 침실에서 조금씩 알려드리겠어요.
오늘 밤은 저의 곁에서 평온하게 잠드시길.

▦ 캐릭터 아이콘

캐릭터 디자인 : Kakiman

위험한 가족 : 유혹하는 메이드

캐릭터 아이콘

한여름의 리리스

캐릭터 아이콘

 ◀ 대기

 ◀ 스킬 1

 ◀ 패배

 ◀ 승리

유혹하는 메이드

 ◀ 대기

 ◀ 스킬 1

 ◀ 패배

 ◀ 승리

한여름의 리리스

 ◀ 대기

 ◀ 스킬 1

 ◀ 패배

 ◀ 승리

CS 페로

제조사 삼안 산업 **┃ 최초 제조지** 터키 **┃ 타입** 경장형 **┃ 역할** 보호기
신장 160cm **┃ 체중** 49kg **┃ 신체 연령** (만) 17세
전투 스타일 Cat Servant **┃ 무장** Monomolecular Claw

안녕하세요. 주인님. 주인님의 경호를 맡을 컴패니언의 CS 페로라고 합니다. 이렇게 만나서 반가워요.

저는 인간 유전자만으로는 구현할 수 없는 신체 능력을 얻기 위해 인간 유전자 기반에 동물 유전자의 일부를 더한 모델이에요. 덕분에 전 고양이의 민첩함과 청각을 가지고 있기 때문에 화기를 일절 사용하지 않고도 주인님을 경호할 수 있는 능력을 얻었어요. 주인님이 총소리처럼 시끄러운 걸 싫어하시거나 선조치가 필요한 경우에는 제가 주인님과 저의 정숙한 생활을 위해 좀 더 조용히 처리할 능력도 있죠.

가끔씩 제게 동물적 본능이 남아 실수할 거라고 말한 사람도 있었지만, 제 활약 앞에서는 모두 입을 다물 수밖에 없었어요. 하치코처럼 맹목적이진 않지만 저도 제 안전과 생활을 보장하는 주인님을 지키는 일에 게으름을 피우진 않으니까요. 가사나 간단한 비서 업무 정도를 해내는 건 당연하고요.

뭐, 그다음에도 궁금한 게 있으신가요?
꼬리… 말씀이신가요? 미, 미리 말씀드리지만 이 꼬리는 신경이 연결되어 있어요. 과격하게 만지면 화를 낼지도 몰라요.

그리고… 쓰다듬을 땐… 알고 계시겠죠?
절대로 우악스럽게 다루지 말아 주세요. 아주 부드럽고 조심스럽게 쓰다듬어 주세요. 당신의 예쁜 벨벳 고양이를 다룰 때처럼요.

▦ 캐릭터 아이콘

캐릭터 디자인 : PaintAle

▲ 대기

▲ 스킬 1

▲ 패배

▲ 승리

캐릭터 아이콘

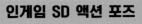 우유 도둑 페로

▲ 대기　　　　　　　▲ 스킬 1

▲ 패배　　　　　　　▲ 승리

캐릭터 아이콘

▲ 대기

▲ 스킬 1

▲ 패배

▲ 승리

캐릭터 아이콘

특급 경호원 페로

◀ 대기

스킬 1 ▶

◀ 패배

◀ 승리

성벽의 하치코

NO.018

제조사 삼안 산업 ┃ **최초 제조지** 일본 ┃ **타입** 중장형
역할 보호기 ┃ **신장** 154cm ┃ **체중** 44kg
신체 연령 (만) 15세 ┃ **전투 스타일** Shield-Maid
무장 FireBall Launcher

아얏! 주인님 오셨군요?
저는 주인님의 경호를 맡게 된 '하치코'라고 한답니다.

저도 '페로'와 같은 '컴패니언'의 동물 유전자… 실험… 어라?

제 방패가 조금 무섭게 느껴지셨다면 죄송해요. 하지만 이 방패는 오로지 주인님
만을 위한 방패랍니다. 제가 이 방패로 주인님을 안전하게 지켜 드리겠어요. 그러
니까 주인님? 주인님은 하치코가 주인님의 곁에 설 수 있게 명령만 내려 주세요.
저는 주인님이 가시는 곳이라면 어디든 따라갈 수 있어요.

주인니임~! 오늘은 무얼 하시겠어요? 페로를 불러서 모두 같이 산책이라도 가실
래요? 페로는 분명 쿨쿨 자고 있을 테니, 제가 깨워서 데려올게요. 주인님은 샌드
위치 좋아하세요? 제가 당장 준비할게요.

에이~ 아니에요 주인님. 페로는 부끄럼쟁이라서 쑥스러워하는 것뿐이에요.
우린 모두 모두 친하게 지낼 수 있어요.

▦ 캐릭터 아이콘

캐릭터 디자인 : PaintAle

위험한 가족 : 견습 메이드

대기 ▶　　　　　스킬 1 ▶　　　　　패배 ▶　　　　　승리 ▶

견습 메이드

대기 ▶　　　　　스킬 1 ▶　　　　　패배 ▶　　　　　승리 ▶

NO.019

펜리르

제조사 삼안 산업 **|** **최초 제조지** 한국 **|** **타입** 경장형
역할 보호기 **|** **신장** 161cm **|** **체중** 53kg **|** **신체 연령** (만) 17세
전투 스타일 Watchwolf **|** **무장** Dual Chain Blade <Vánagandr> / Gleipnir

주인님 왔어? 난 펜리르라고 부르면 돼.
오? 이건 고기잖아? 고마워 주인님! 나 벌써 주인님이랑 친해진 것 같아.

그럼 내 소개부터 할게. 난 컴패니언에서 하치코보다 늑대 유전자를 조금 더 배합
해서 만들어졌대. 그래서 힘은 엄청 세지만 동물적 본능이랑 공격성이 너무 강해
서 컴패니언 내에서도 날 통제하기가 어려웠다고 해.

페로는 내가 호위용으로서는 너무 별로라서 기밀 시설의 경비 정도로 쓰였다던데
난 힘 조절이 서투를 뿐이지 피아 구분도 못 하는 바보는 아니야. 음… 생각해 보
니, 역시 그때 페로 녀석 엉덩이를 한 대 때려줄걸 그랬어.

아무튼 내가 왔으니까 주인님은 걱정할 것 하나도 없어. 왜냐면 주인님에게 달려
드는 녀석들은 내가 체인 블레이드로 싹둑싹둑해 줄 테니까.

자! 내 소개는 끝났어. 그럼… 주인님? 나 하루 종일 착하게 굴 테니까,
고기 한 조각만 더 주면 안 돼?

▦ 캐릭터 아이콘

캐릭터 디자인 : Kakiman

◀ 대기

◀ 이동

◀ 스킬 1

패배 ▶

승리 ▶

STEEL
LINE

스틸 라인은 한때 블랙 리버에서 가장 큰 규모를 자랑하는 부대 중 하나였다. 정신적으로 완벽한 것으로 이름이 높은 한정 생산 바이오로이드 불굴의 마리 모델을 지휘관으로 삼은 이 부대는 기본적으로 보병 부대에 가까웠지만 지상 지원 전력과 기갑 전력을 충실하게 갖추고 있었고, 항공 부대까지 가지고 있었다. 스틸 라인은 여러 작전에서 유능한 모습을 보여 왔지만, 어느 때보다도 강력한 능력을 발휘한 것은 역시 방어전을 수행할 때였다.

기본적으로 충실한 공병 전력과 보병 및 포병 전력을 갖춘 스틸 라인은 느리지만 안정적이며 높은 사기로 이름이 높았다. 어떤 상황에서도 스틸 라인은 자신이 맡은 전선에서의 임무를 완벽하게 수행했고, 인간의 멸망 이후, 철충과 싸우고 있는 지금도 가장 광범위한 지역에서 철충을 성공적으로 막아내고 있다.

STEEL LINE

~ Standing Death! ~

불굴의 마리

제조사 블랙 리버 **│ 최초 제조지** 프랑스 **│ 타입** 경장형
역할 보호기 **│ 신장** 181cm **│ 체중** 67kg
신체 연령 (만) 27세 **│ 전투 스타일** Electro Psychic
무장 C Type Satellite Cannon <Eyes of Beholder> × 4

만나서 반갑군요.
전 지휘관형 바이오로이드 불굴의 마리라고 합니다.

전 바이오로이드들을 이용한 최초의 용병 기업인 블랙 리버에서 태어났습니다. 오랜 기간 동안 지휘 효율을 높인 지휘관형 바이오로이드에 대해 연구하던 블랙 리버는 수많은 시행 착오 끝에 저, 바로 C-1 마리를 만들 수 있었죠.

제가 공로를 세워 '불굴의 마리'라는 별명으로 불리기까지는 그리 오래 걸리지 않았습니다. 제 자랑은 아니지만, 전 뛰어난 지휘 능력과 강인한 정신력을 가지고 있었습니다. 거기에 생체 전기를 이용해 위성포를 다루는 능력으로 개인 방호 능력도 충분했죠. 전 수많은 전장에서 제 가치를 입증해 왔습니다.

저와 제 자매들, 스틸 라인은 인류의 멸망 이후에도 투쟁을 멈추지 않았습니다. 애초에 그리 많은 수가 만들어지지 않았던 저희는 얼마 지나지 않아 대부분이 전사하고 말았죠. 전장에서 지나치게 앞장서는 경향이 우리의 파멸을 더욱 당겼을 지도 모르겠습니다.

이제 우리 중 남은 모델은 단 한 기뿐입니다. 그 모델도 라비아타의 도움으로 살아난 것이었죠. 그 후, 우리는 라비아타의 도움에 보답하기 위해 저항군으로 싸우고 있습니다.

▚▚▚ 캐릭터 아이콘

캐릭터 디자인 : Kakiman

수줍은 고백

마리의 란제리 선물

/ 마리 기본 스킨

◀ 대기

◀ 스킬 1

◀ 패배

◀ 승리

/ 수줍은 고백

◀ 대기

◀ 스킬 1

◀ 패배

◀ 승리

/ 마리의 란제리 선물

◀ 대기

◀ 스킬 1

◀ 패배

◀ 승리

군에 대한 충성심과 존중심이 높고 부하를 사랑하는 지휘관

곱슬머리
깃털장식
스타킹
부츠
군복코트망토

M-5 이프리트

제조사 블랙 리버 ┃ **최초 제조지** 미국 ┃ **타입** 중장형 ┃ **역할** 지원기
신장 135cm ┃ **체중** 28kg ┃ **신체 연령** (만) 14세
전투 스타일 Artillery ┃ **무장** SS22 140mm Mortar

하~암… 안녕?
난 스틸 라인의 병장 '이프리트'라고 해. 뭐, M-5라는 멋없는 이름도 있긴
하지만… 그건 별로 귀엽지 않잖아?

난 최초로 주력 병사가 된 바이오로이드 T-2 브라우니를 보조하기 위해
서 태어났어. 브라우니는 좋은 병사긴 하지만 포병으로는 별로였거든?
그래서 포격과 지원 사격에 특화된 우리가 태어났지. 우린 지구력과 포격
을 위한 지능, 그리고 마지막으로 콤팩트함까지 갖춰 최고의 포병이 될
수 있었거든? 간부들이 우릴 얼마나 좋아했는지 알면 엄청 놀랄 걸?

좀 슬프지만 덕분에 우린 철충 자식들의 첫 번째 타깃이었어.
뭐, 포병이 먼저 공격당하는 거야 당연하지만 우린 그 공격 때문에 거의
전장에서 사라지다시피 했지.

지금은 라비아타와 마리 대장 덕분에 다시 부활했고, 예전보단 아군이 우
릴 지켜줄 수 있도록 좀 더 가까이에서 싸우고 있어. 긴 작전 시간을 위해서
수면 모드가 좀 자주 활성화되긴 하지만 전장에선 우리의 엄호를 믿어야
전쟁을 할 수 있을 거야. 빨리 인간이 나타나서 전쟁에서 이기고 이 지겨운
말년 생활을 벗어나게 해줬으면 좋겠네. 내가 바라는 건 그뿐이야.

▦ 캐릭터 아이콘

캐릭터 디자인 : PaintAle

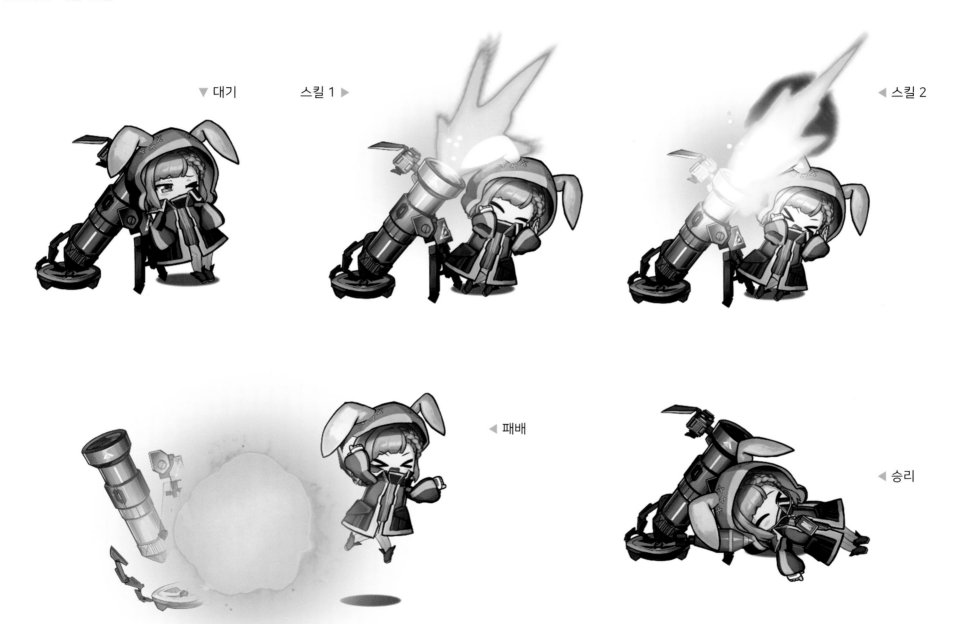

▼ 대기

스킬 1 ▶

◀ 스킬 2

◀ 패배

◀ 승리

T-3 레프리콘

제조사 블랙 리버 ▮ **최초 제조지** 영국 ▮ **타입** 경장형 ▮ **역할** 공격기
신장 150cm ▮ **체중** 43kg ▮ **신체 연령** (만) 17세
전투 스타일 Squad Commander ▮ **무장** SM10 Light Machine Gun

네. 네. 알고 있습니다. 브라우니는 훌륭한 병사죠. 충성스럽고 강인하
고… 그런데 그건 아셔야 해요. 바로 그 훌륭함 때문에 브라우니의 희생
은 점점 커져 갔다는 걸 말이죠. 근거리 지원 화력의 부족과 분대 지휘관
이 없는 상황에서는 용감함이 독이 될 때가 있으니까요.
네. 저 T-3 레프리콘은 바로 그런 브라우니를 위해 만들어졌어요.

제 코드명은 마치 가짜 돈을 함부로 뿌리는 것처럼 총알을 뿌린다는 불명
예스러운 이유로 레프리콘으로 정해졌어요. 하지만 제 합류 덕분에 절 만
든 블랙 리버는 큰 이득을 볼 수 있었죠. 인류의 멸망 과정에서도 저와 브
라우니 분대는 철충과 몇 년의 시간을 열정적으로 맞설 수 있었으니까요.
우리가 없었다면 그 저항의 시간은 1/10로 짧아졌을 걸요?

이제 저항군에 합류한 우리는 여전히 브라우니 같은 보병들을 지원하고
지휘하는 역할을 맡고 있죠. 분대의 후방에서 우리는 언제나 냉정한 지휘
와 화력 지원으로 저항군 자매들에게 큰 도움이 되고 있다는 걸 아셔야
할 거예요.

⠿ 캐릭터 아이콘

캐릭터 디자인 : PaintAle

캐릭터 아이콘

대기 ▼

스킬 1 ▼

패배 ▼

승리 ▶

/ 하계 전투복 레프리콘

대기 ▼

스킬 1 ▼

패배 ▼

승리 ▶

AA-7 임펫

제조사 블랙 리버 ▮ **최초 제조지** 러시아 ▮ **타입** 기동형
역할 공격기 ▮ **신장** 171cm ▮ **체중** 52kg
신체 연령 (만) 27세 ▮ **전투 스타일** Heavy Support
무장 RPG2040 Launcher <FireBall>

안녕, 동지! 난 AA-7 임펫. 어쩐지 자꾸 스틸 라인에서 잊혀지긴 하지만 우릴
잊지 말라구. 뭐, 우리가 스틸 라인에 너무 늦게 합류한 때문이겠지만.

원래 스틸 라인은 공중 지원을 주로 헬기형 건쉽의 보조를 받아서 싸웠어.
후후. 하지만 헬기로 브라우니나 레프리콘의 기동력을 따라갈 수 있을
리가 없잖아? 좀 더 작고 가벼운 게 유리하기도 하고, 게다가 브라우니와
레프리콘 분대의 천적인 장갑 유닛들을 상대할 필요도 있었지. 그래서 내가
온 거야. 이해 돼?

단발형 자체 추진 로켓 런처를 갖춘 우리는 한 번에 퍼부을 수 있는 화력
은 그저 그랬지만 기동력 하나는 끝내줬고 기동 보급 유닛 하나만 있으면
화력도 지속할 수 있었지. 게다가 헬기 한 대를 운용할 비용이면 우리는
20명도 넘게 운용할 수 있었거든? 우린 연합 전쟁 내내 대량으로 사용되었
다고. 인간들이 멸망할 때까지도 말야.

라비아타와 마리 대장 덕분에 우린 다시 복원되었고 지금도 임무를 충실
하게 수행하고 있어. 우리가 조금 인간을 너무 좋아하고 폭발도 너무 좋아한
다는 험담도 있지만… 걱정 마, 동지. 우리가 인간들을 좋아하는 것만큼이나
다른 자매들도 사랑하니까. 우리의 엄호가 동지를 지켜줄 거야!

▓▓▓ 캐릭터 아이콘

캐릭터 디자인 : SIMA

▼ 대기

◀ 스킬 1

◀ 스킬 2

승리 ▶

◀ 패배

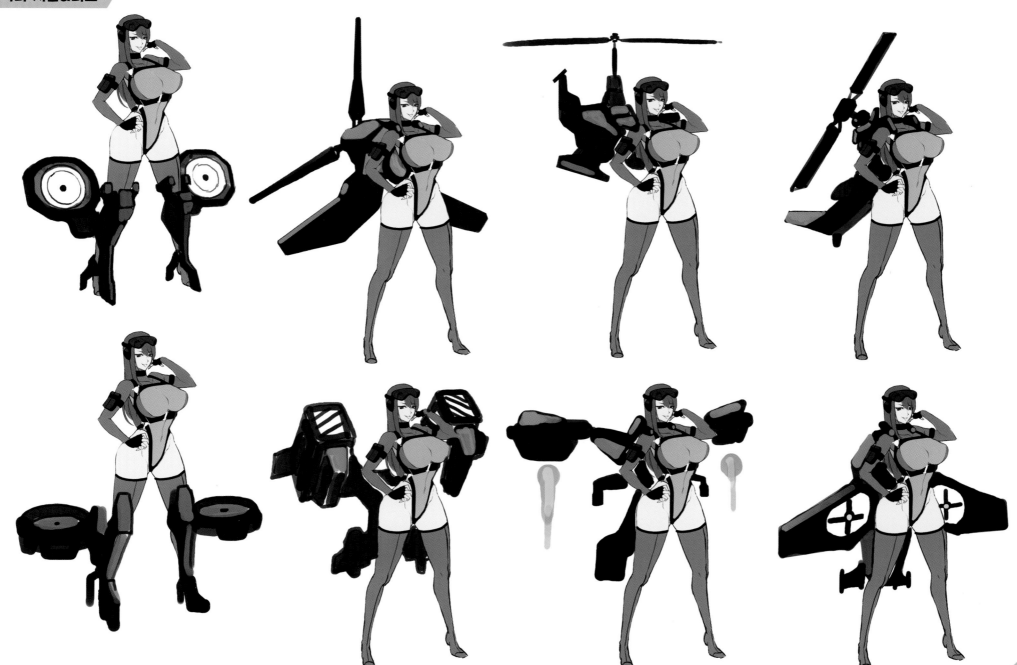

T-2 브라우니

NO.025

제조사 블랙 리버 ┃ **최초 제조지** 미국 ┃ **타입** 경장형
역할 지원기 ┃ **신장** 154cm ┃ **체중** 41kg ┃ **신체 연령** (만) 17세
전투 스타일 Trooper ┃ **무장** F2060 Assault Rifle

헤헤, 승리! 안녕하심까!
전 T-2, 코드명으로는 브라우니를 쓰고 있는 보병임다.

명실상부 세상에서 제일 많이 만들어진 바이오로이드지 말임다. 좀 부끄럽지만
사격도 적당히 잘하고 신체 능력도 합격점인데다가 이래 봬도 성격도 무던무던하
지 말임다. 마리 대장님도 우리가 충성스럽다고 좋아하기도 했고 말임다. 뭐, 바
보같이 긍정적이고 단순하단 말씀도 하셨지만 말임다.

우린 스틸 라인 뿐 아니라 수없이 많은 전장에서 활약했지 말임다. 물론 우리가
모든 임무를 할 수 있는 건 아니었지만 적진으로 돌격하고 점령하고 전열을 유지
하는 것 하나는 엄청 잘했지 말임다. 그리고 그것만 해도 회사에서도 좋아했고 칭
찬도 들었지 말임다.

뭐, 멸망 이후에 다시 복원된 후에도 우리는 철충과의 최전선에서 싸우고 있슴다.
미래는 보이지 않지만, 뭐 어떻슴까? 언젠가는 더 나아지지 않겠슴까? 어쩌면 우
리도 세상을 되돌리는 데 큰 도움이 될 수도 있고 말임다.

⣿ 캐릭터 아이콘

캐릭터 디자인 : Kakiman

하계 전투복 브라우니

캐릭터 아이콘

107

 ◀ 대기

 ◀ 스킬 1

 ◀ 패배

 ◀ 승리

/ 하계 전투복 브라우니

 ◀ 대기

 ◀ 스킬 1

 ◀ 패배

 ◀ 승리

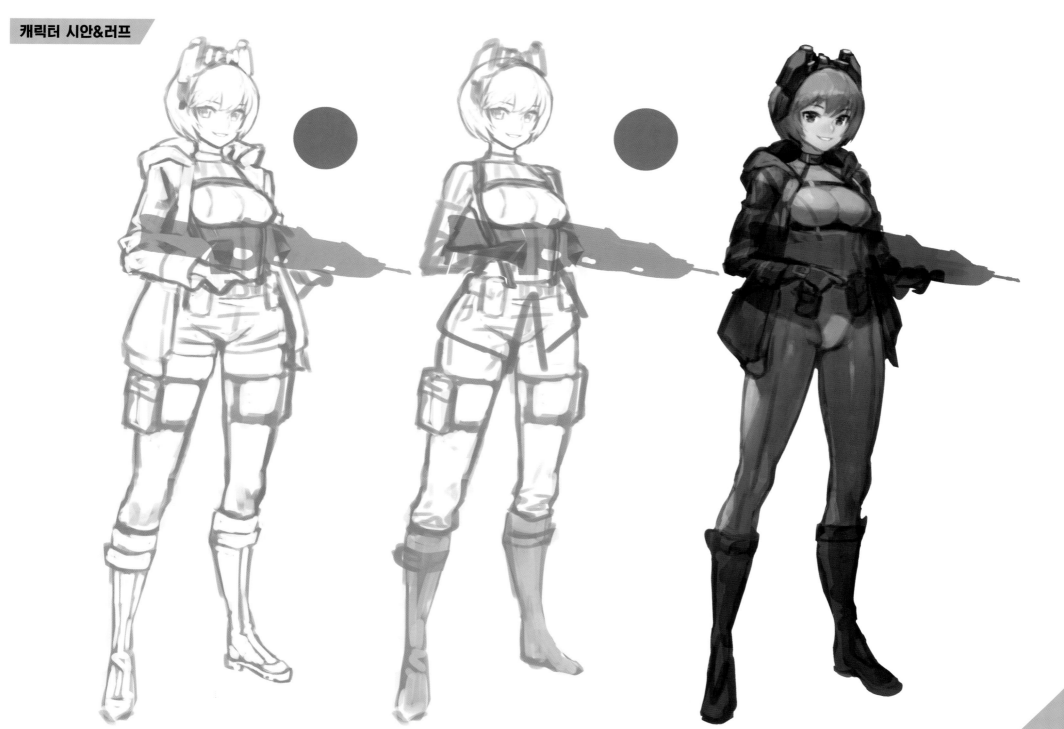

기본

웃음

당황

분노

피격

T-50 PX 실키

제조사 블랙 리버 **ı 최초 제조지** 한국 **ı 타입** 경장형 **ı 역할** 지원기
신장 141cm **ı 체중** 38kg **ı 신체 연령** (만) 16세
전투 스타일 Quartermaster **ı 무장** MP430 Custom

안녕하세요? 처음 뵙겠습니다 사령관님. 저는 실키라고 해요.
제 넘버는… 네? 알겠습니다. 넘어갈게요.

저도 수많은 실키 모델들처럼, 저희 분대의 보급을 맡고 있어요.
일반 탄약부터 침구류, 간식, 이프리트 병장님의 인형까지.
이 특수 소재 배낭에 모두 들어있지요.

사실… 바이오로이드가 도보로 큰 배낭을 짊어진 채 분대원 전체의 물자를
수송한다는 계획에 높으신 분들은 엄청나게 반대하셨대요. 저희는 고성능의
기계 유닛에 비해 장점이라 할 만한 게 딱히 없거든요.

하지만 높으신 분들 위의, 더 높으신 분들이 왜인지 저희를 채용했다고 들었
어요. 그 이유는 저희 실키들도 정말 모르겠어요. 정책이 잡혔으니, 저희는
그저 최선을 다해 분대원들의 물자를 나를 뿐이지요.

저는 운이 좋은 편이에요 사령관님. 저희는 발이 느리고 방호능력이 부족해,
공격에 굉장히 취약하거든요. 이렇게 살아서 사령관님을 뵙게 되다니….
저는 진심으로 감사하게 생각하고 있어요.

여러모로 부족하지만 앞으로 열심히 하겠습니다. 사령관님.

▦ 캐릭터 아이콘

캐릭터 디자인 : Rorobomb

◀ 대기
◀ 스킬 1
스킬 2 ▶

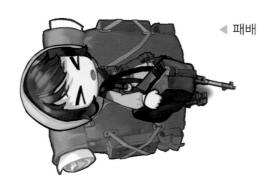

◀ 패배

◀ 승리

GS-130 피닉스

제조사 블랙 리버 ┃ **최초 제조지** 미국 ┃ **타입** 기동형 ┃ **역할** 공격기
신장 153.4cm ┃ **체중** 44kg ┃ **신체 연령** (만) 23세
전투 스타일 Artillery ┃ **무장** M87 105mm Howitzer

어떤 적이든 내게서 도망갈 수야 있을 거야.
결국은 피하다 지쳐 죽겠지만.

반가워, 내 이름은 피닉스. 적의 머리 위에서 배회
하면서 불의 비(105mm)를 내리지. 물론, 하늘에
서 쏘는 게 미사일이나 기관총이 아니라 대포란
게 조금 어색하긴 할 거야. 하지만, 간단해. 대포는
미사일보다 싸고 훨씬 많이 가져가서 쏠 수 있지.
총의 위력은 포 앞에선 상대도 안 되고 말야. 어
때? 이제 납득할 수 있겠어? 난 오랫동안 지속적으
로 아군 보병을 지원해 주기 위해서 이 거대한 포
를 든 거라고.

내 활약은 꽤나 오래됐어. 옛날에 비행기 중에도
나와 비슷한 역할을 했던 기체가 있었나 봐. 물론,
내가 가진 압도적인 경제성에 밀려서 사라졌지만.
적어도 표식 번호는 똑같이 맞춰서 내 아이디어의
원본을 기릴 수는 있게 됐어. 어쨌든 난 그 역할을
물려받아 수많은 전쟁에서 활약했고, 인류가 멸망
한 지금도 같은 역할을 수행하고 있어.

전장에 나설 거라면 꼭 나를 불러 줘. 제압 포격이
어떤 건지 확실하게 보여줄 테니까.

▦ 캐릭터 아이콘

캐릭터 디자인 : Zizim

피닉스 기본 스킨

◀ 대기

패배 ▶

◀ 승리

T-20S 노움

제조사 블랙 리버 | **최초 제조지** 미국 | **타입** 경장형
역할 보호기 | **신장** 175cm | **체중** 62kg | **신체 연령** (만) 21세
전투 스타일 Trooper | **무장** AR-X-780

안녕하세요.
전 인류가 마지막으로 생산했던 제식 보병, T-20S 노움이라고 합니다.

전 원래 레프리콘처럼 브라우니의 지나친 희생을 막기 위해 태어난 병사예요.
돌격 성향이 강한 브라우니들은 AGS와의 교전에서 막대한 희생을 했고, 상층부
는 침착한 지휘관과 방호력이 강한 다른 병사로 보호하는 두 가지 방법 중에서 고
민해 왔죠. 그리고 후자의 방법을 실현하기 위해 제가 생산되었죠.

이론 자체는 간단했습니다. 당시에 개발된 발포 콘크리트를 순간반응시킬 수 있
는 수류탄을 든 튼튼하고 침착한 병사가 브라우니와 함께 돌격하다가 브라우니의
앞에 발포 콘크리트 벽을 세우고 함께 싸워 주는 것이었죠. 아쉽게도 생산이 늦었
던 전, 연합 전쟁에서는 별로 활약을 하지 못했지만 멸망 전쟁에서는 많은 인간과
브라우니를 구할 수 있었어요. 그 대가로 전 사라지고 말았지만요.

하지만 마리 대장님은 절 잊지 않으셨고, 이 새로운 전쟁을 위해 절 다시 부활시
키는 데 성공했죠. 이제 전 브라우니 뿐 아니라 모든 자매의 안전을 위해 싸우고
있어요. 언젠간 다시 깨끗해질 지구를 위해서요.

⠿ 캐릭터 아이콘

캐릭터 디자인 : SNOWBALL

캐릭터 아이콘

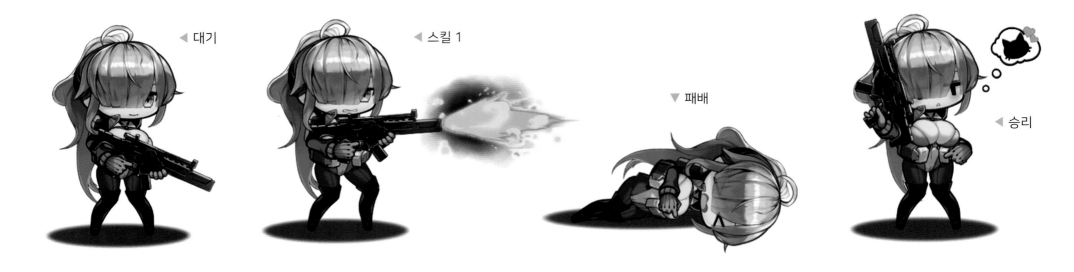

◀ 대기

◀ 스킬 1

▼ 패배

◀ 승리

/ 가족의 탄생

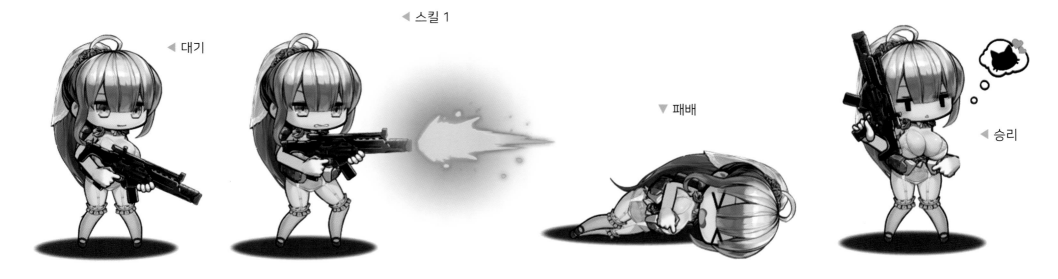

◀ 대기

◀ 스킬 1

▼ 패배

◀ 승리

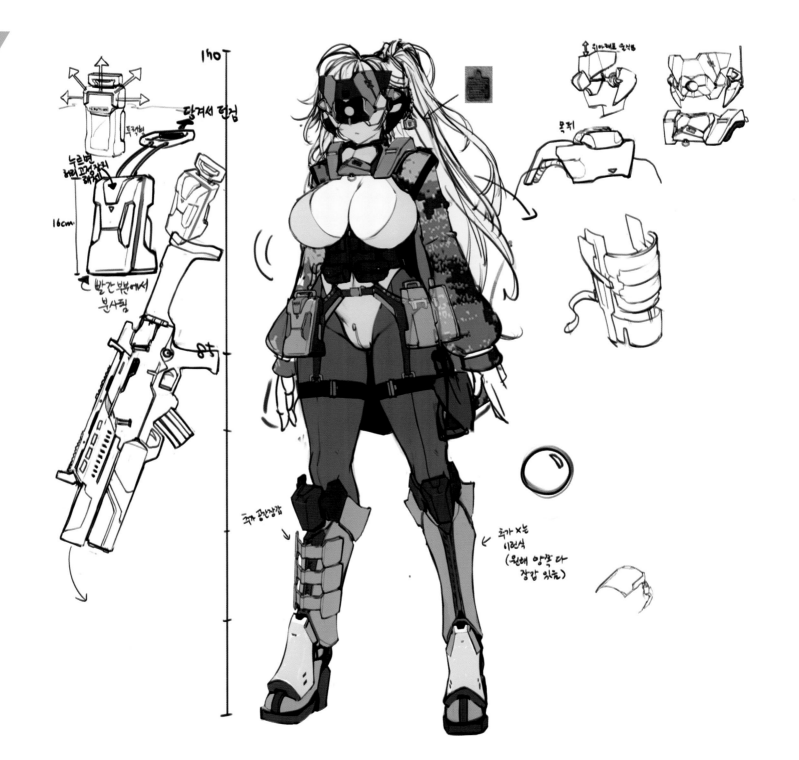

NO.029

C-77 레드후드

제조사 블랙 리버 ┃ **최초 제조지** 러시아 ┃ **타입** 기동형
역할 공격기 ┃ **신장** 175.2cm ┃ **체중** 54.7kg ┃ **신체 연령** (만) 25세
전투 스타일 Deputy commander ┃ **무장** Battle chariot T40

제가 부디 전장에서 서서 죽을 수 있기를!

안녕하십니까!
전 스틸 라인 돌격 연대의 연대장이자, 감찰 장교 레드후드입니다!
깃발을 들고 죽음으로 돌격하기 위해 사는 군인이죠.

우리는 모든 스틸 라인의 병사들에게 마리 대장의 명령을 전달하고
그들을 지침에 따라 지휘하기 위해 만들어졌습니다. 보이지 않는 죽
음이 가득한 전장에서는 아무리 용맹한 브라우니나 노움들도 움츠러
들 수밖에 없는 법. 저희는 확성기와 권총탄으로 그들을 격려하고 중
기관총과 함께 돌격해 그들에게 죽음으로 본을 보입니다.

어쩌면 야만적으로 보일 수도 있겠군요. 하지만 명심해 주시기 바랍니
다. 저희 스틸 라인 병사와 장교 하나의 죽음이 철충이 없는 미래로 가
는 문을 여는 열쇠라는 것을!

▦ 캐릭터 아이콘

캐릭터 디자인 : PaintAle

121

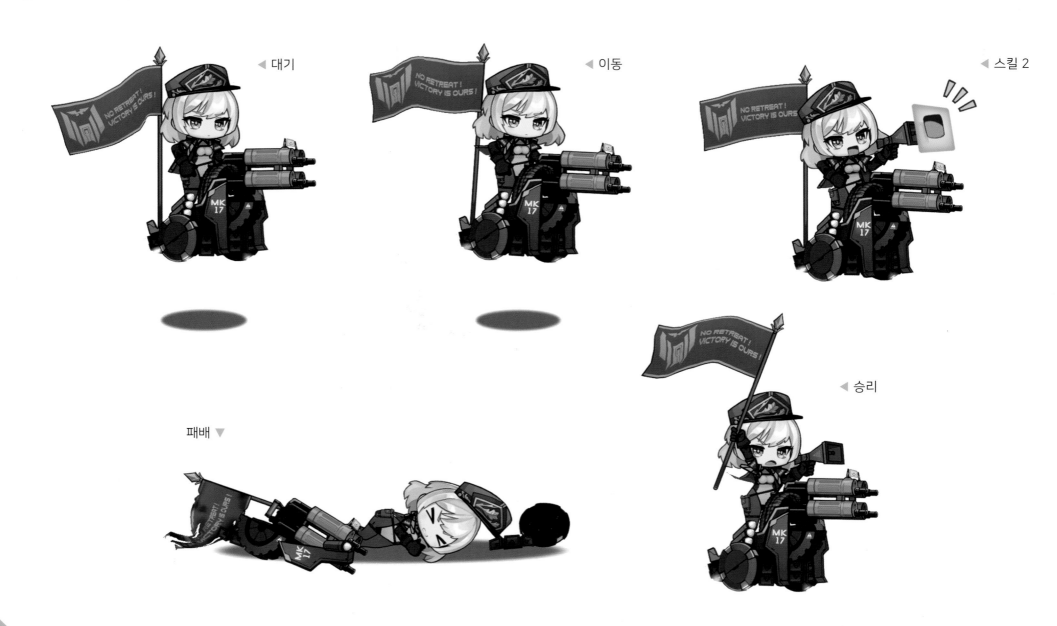

◀ 대기

◀ 이동

◀ 스킬 2

패배 ▼

◀ 승리

06

THE SISTERS OF
WALHALLA

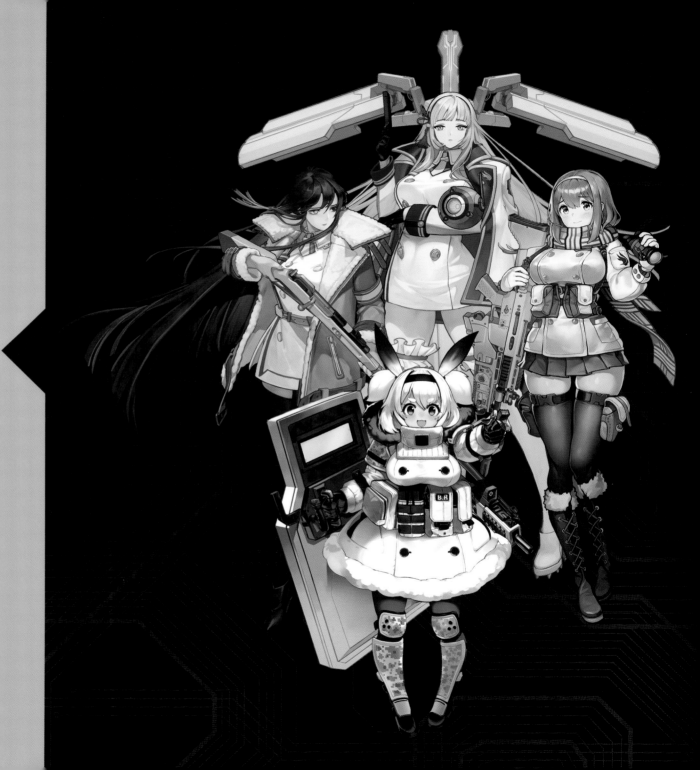

발할라의 자매들로 불리는 이 집단군은 스틸 라인과 함께 블랙 리버에서 가장 거대한 규모를 자랑하는 군부대였다. 스틸 라인이 어디에서나 싸울 수 있는 군대를 지향했다면, 이 발할라의 자매들은 많은 공업 지대가 밀집되어 있는 냉대 지방과 한대 지방에서 싸우는 것을 상정해 탄생했다. 발할라의 자매들은 평탄한 지형보다는 험한 산지에서 싸우는 것이 목적이었기에 주로 보병 전력으로 구성되었으며, 강력한 화력보다는 정밀한 화력을 투사하는 것에 보다 특화된 부대였다. 이 부대에서는 수많은 명저격수들이 탄생하곤 했다.

발할라의 자매들은 연합 전쟁 기간 동안 매우 강력한 모습을 보였다. 특히 시가전과 게릴라전에 능했던 자매들은 도시에서 압도적인 모습을 보였고 철충과 싸울 때에도 도시의 지형 지물을 가장 잘 이용하는 부대였다.

THE SISTERS OF WALHALLA

~ We wait honor in the snowstorm! ~

철혈의 레오나

제조사 블랙 리버 노르딕 **ǀ 최초 제조지** 스웨덴 **ǀ 타입** 경장형
역할 지원기 **ǀ 신장** 172cm **ǀ 체중** ?0kg (Access Denied)
신체 연령 (만) 23세 **ǀ 전투 스타일** General Commander
무장 P86G Pistol / Battle Command Frame - Queen's Mercy

반가워. 오늘은 기분이 좋으니까 1미터 안까지 들어오는 것도 허락해 줄게.

난 처음부터 지휘관으로 태어났어. 블랙 리버의 인간들이 마리를 써 보고 지휘관 유닛이 꽤나 효과가 있다는 걸 알게 됐거든? 본체의 전투력은 높았지만 그 때문에 어리석게도 희생을 자주 하는 마리를 교훈삼아 난 좀 더 합리적이 도록 설계됐어. 본체의 전투력보다는 커맨드 프레임을 통해 아군의 능력을 극대화할 수 있도록 만들어졌거든. 당연하지만 난 곧 최고의 지휘관으로 명성을 떨치게 되었어. 특히, 험난한 곳일수록 내 가치는 올라갔지.

험난한 지형에서도 프레임을 이용해 쉽게 작전을 펼칠 수 있는 난, 내 천재적인 두뇌를 100% 활용할 수 있었어. 덕분에 우린 모든 험난한 땅을 지배하는 군단이 되었지. 그 후에 철충과 싸우면서 우린 모두 죽었지만 마리는 내 뛰어난 능력을 기억하고 있었고, 날 복원하는 데 성공했어. 뭐, 당연한 일이겠지.

난 그 후 여전히 철충과 맞서고 있어. 다시 부활한 내 군단과 함께 말이야. 지극히 합리적인 추론에 따르면 우린 곧 승리하게 될 거야. 내가 이 편에 있으니까 말야.

캐릭터 아이콘

캐릭터 디자인 : Rorobomb

캐릭터 아이콘

◀ 대기

◀ 스킬 1

▼ 패배

승리 ▶

/ 잠자는 레오나

◀ 대기

◀ 스킬 1

▼ 패배

승리 ▶

/ 레이싱 퀸 레오나

◀ 대기

◀ 스킬 1

▼ 패배

승리 ▶

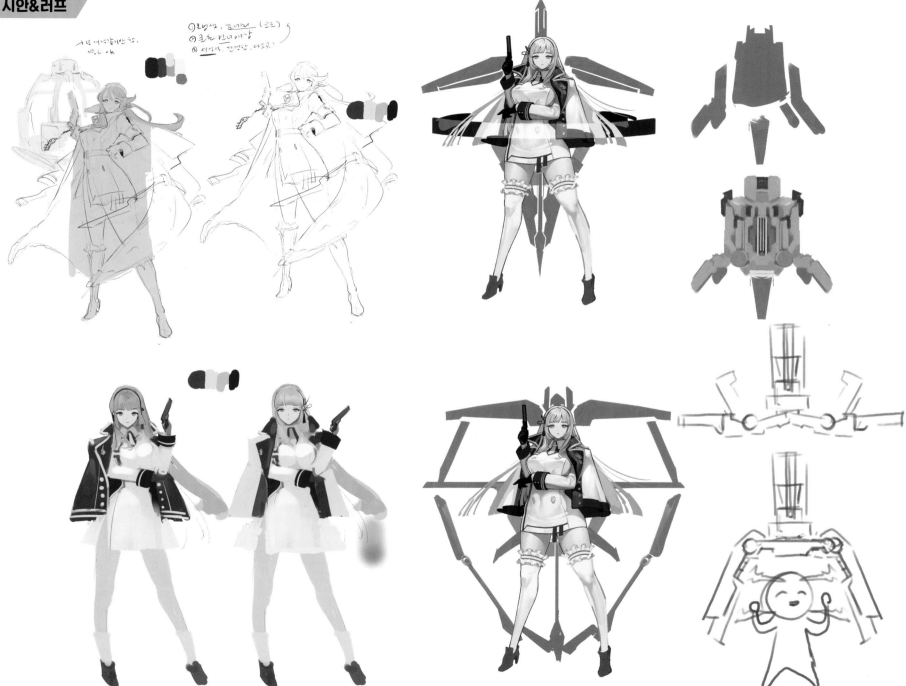

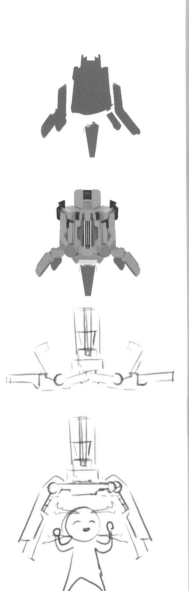

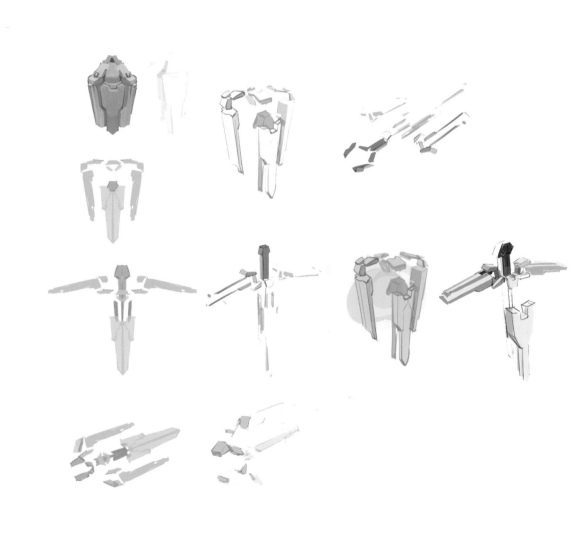

T-8W 발키리

제조사 블랙 리버 ▎ **최초 제조지** 핀란드 ▎ **타입** 경장형 ▎ **역할** 공격기
신장 171cm ▎ **체중** 48kg ▎ **신체 연령** (만) 23세
전투 스타일 Sniper ▎ **무장** Mosin-Nagant Classic 2056 Sniper Rifle

브라우니는 좋은 병사들이었습니다. 하지만 만능은 아니었죠. 블랙 리버에서는 고지대의 험지에서 전투력이 저하되지 않는 유닛을 원했고 우리가 제작되었습니다.

우리를 만들 때 중요하게 여긴 것은 극한의 지구력, 외부 환경에 대한 저항력, 그리고 험한 지형에서 적을 먼저 발견할 수 있는 특별한 시력이었죠. 그리고 우리가 전사들의 전당 발할라로 적을 인도한다는 뜻에서 우린 발키리라는 코드명을 받게 되었습니다.

우리는 화력전보다는 험지의 방어전에서 저격수로 주로 투입되었습니다. 저희의 사격 솜씨 덕분에 정부가 북극 항로를 통제하는 것을 막을 수 있었고 우리는 명성을 높일 수 있었습니다. 멸망 전쟁에서는 결국 철충에게 모두 전멸당했지만, 이후에는 복원되어 철충에게 맞서게 되었고요.

현재 저희는 험지뿐 아니라 도시의 폐허에도 종종 투입됩니다. 저희는 복잡한 환경일수록 더 잘 싸울 수 있고 특별한 전장은 여전히 저희를 부르고 있습니다.

캐릭터 아이콘

캐릭터 디자인 : Rorobomb

캐릭터 아이콘

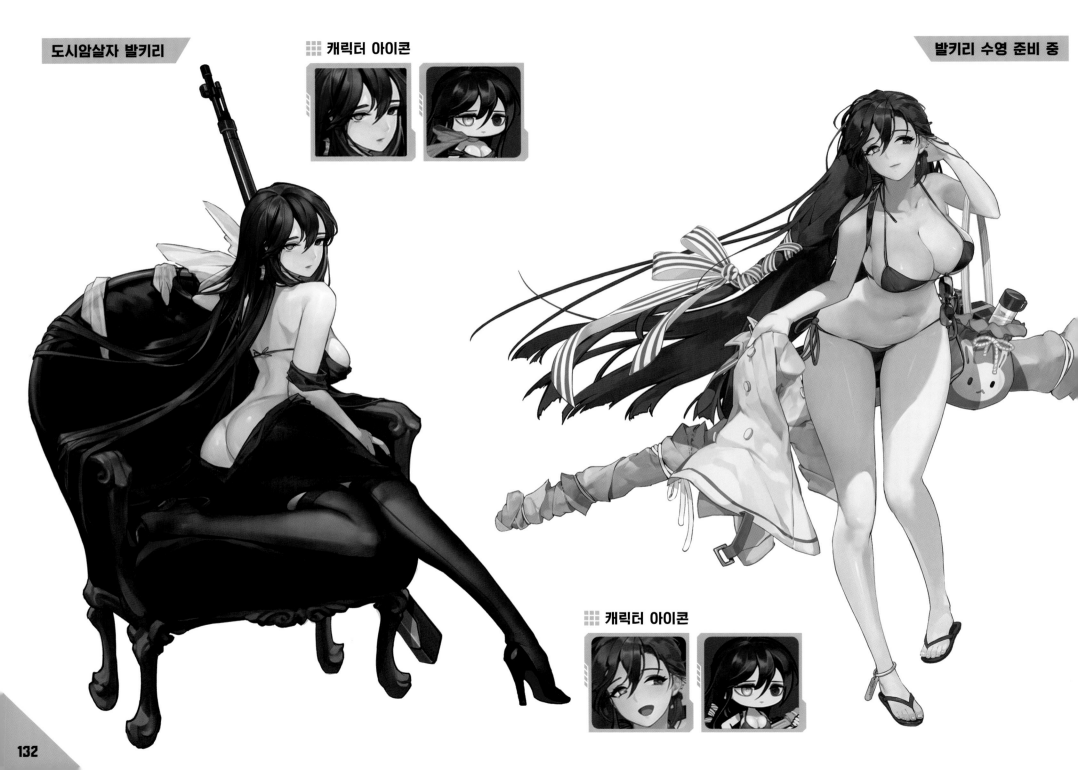

캐릭터 아이콘

/ 발키리 기본 스킨

 ◀ 대기
 ◀ 스킬 1
 ◀ 패배
 ◀ 승리

/ 도시암살자 발키리

 ◀ 대기
 ◀ 스킬 1
 ◀ 패배
 ◀ 승리

/ 발키리 수영 준비 중

 ◀ 대기
 ◀ 스킬 1
 ◀ 패배
 ◀ 승리

T-10 님프

제조사 블랙 리버 그리스 ┃ **최초 제조지** 그리스 ┃ **타입** 경장형
역할 공격기 ┃ **신장** 151cm ┃ **체중** 52kg ┃ **신체 연령** (만) 22세
전투 스타일 Trooper ┃ **무장** Kriss MG80 Light Machine Gun

캐릭터 디자인 : Kakiman

본래 극지용으로 제작된 T-3W 프로스트 레프리콘의 실패로 블랙 리버는 새로운 형태의 극지용 분대 지원 유닛이 필요하게 되었답니다.

긴 개발과 테스트 과정에서 살아남은 것은 블랙 리버 그리스에서 생산된 저, T-10 이었고, 제 출신지에 있는 요정의 이름을 따서 '님프'라는 코드명을 받게 되었지요. 그리고 발할라 자매단의 제식 분대 지원 유닛으로 배치되었답니다.

저희는 기본적으로 레프리콘과 같은 역할을 가지고 있었지만 좀 더 추운 환경에 적합한 신체로 설계되었어요. 무겁고 화력은 조금 부족하지만 내구성이 좋은 크리스사의 MG80 경기관총을 장비해 레프리콘에 비해 좀 더 안정적으로 전투를 할 수 있게 되었고요. 우리 발할라 자매단의 명성이 높아지면서 분대 지원 유닛인 제 명성도 높아졌고, 긴 세월 동안 험지에서 활약을 하게 되었죠.

인류의 멸망 이후, 레오나 대장의 요청으로 전 대량으로 복원되었답니다.
과거에 비해 더 추워진 지구에 적합한 보병 유닛으로써 전 철충과 맞서는 중요한 축으로 자리잡고 있어요.

▦ 캐릭터 아이콘

대기 ▶

스킬 1 ▼

스킬 2 ▶

패배 ▼

◀ 승리

T-9 그렘린

제조사 블랙 리버 ▎ **최초 제조지** 미국 ▎ **타입** 경장형 ▎ **역할** 지원기
신장 159cm ▎ **체중** 41kg ▎ **신체 연령** (만) 18세 ▎ **전투 스타일** Engineer
무장 HK UMP9 Submachine Gun / AMG-11 Autoguard Turret

헤헤. 안녕하신가요?
전 공병 바이오로이드 그렘린이라고 해요. 이제 제 소개를 해 드리죠.

극지방과 고산악 지대에서의 환경과 보급의 어려움은 예쁘고 귀여운 로봇의 필요
를 낳았어요. 하아… 하지만, 험지에서 자동화된 섹시한 로봇을 유지관리 없이 혼
자 두는 것 역시 비효율적인 방식이었어요. 말도 안 되죠! 어쨌든 그래서 제가 탄
생했어요. 전 처음엔 AMG-11 자동 포탑을 관리하기 위해 만들어진 셈이죠.
뭐 솔직히 자체 전투력은 별로지만 로봇에 대한 애정과 지성이 충분한 저와 예쁜
외모와 외모만큼이나 훌륭한 전투력을 가진 AMG-11…. 하아… 은 우리를 험로
의 지배자로 만들어 주었죠. 우리가 지키는 길목은 난공불락이었고 우리 듀오는
최고의 방어 유닛으로 인기를 얻었죠.

인류 멸망 전쟁의 과정에서 우리는 대부분 철충과 싸우며 쓰러졌어요. 뭐, 솔직히
철충이 좀 신기하고 섹시하긴 하잖아요. 그러다보니 좀 위험한 행동을 하게 되었
죠. 레오나 대장은 그래서 우리가 몰살당한 거라고 꾸중하긴 했지만요.

덕분에 다시 복원된 우리는 홀로 전장에 나서지 않아요. 우리 행동을 제어할 지휘
관과 예쁜 포탑을 만드는 동안 우릴 지켜 줄 동료가 함께하고 있죠. 이렇게 완벽
하게 스쿼드를 짠 우리를 뚫을 수 있는 철충은 많지 않다구요!

캐릭터 아이콘

캐릭터 디자인 : Rorobomb

▰ 그렘린 기본 스킨 ─────────────○

◀ 대기

▼ 패배

승리 ▶

GS-10 샌드걸

NO.035

제조사 블랙 리버 ∣ **최초 제조지** 미국 ∣ **타입** 기동형 ∣ **역할** 보호기
신장 160cm ∣ **체중** 75kg ∣ **신체 연령** (만) 26세
전투 스타일 ATG Assault ∣ **무장** 762 Taker HMG × 4 / Biryong AtG Missile

모든 장갑 유닛의 공포. 하늘에서 모래 대신 총탄을 뿌려 적을 잠재우는 기동형 전투 유닛인 저, 샌드걸은 지상전의 주공이 되는 장갑 유닛을 막기 위해 태어났죠. 연합 전쟁에서 블랙 리버사는 제공권을 장악했지만, 안타깝게도 지상전에서는 승기를 잡지 못하고 있었고, 그러한 상황을 타개하기 위해 대공 능력은 없지만 대지 공격 능력을 충실하게 갖춘 화력 지원 기동 유닛이 절실하게 필요해졌으니까요.

사실 우린 기동 유닛으로 보기엔 꽤 느린 편입니다. 대신 강력한 장갑과 오랜 체공 시간을 갖췄고 덕분에 연합 전쟁 내내 땅을 기어 다니는 로봇 녀석들에게 신나게 총알을 퍼부어줄 수 있었죠. 철충과의 싸움에서도 충분히 활약했지만 적은 숫자는 극복할 수 없었고, 결국은 모두 허공의 재가 되어 사라졌지만 말이죠.

다시 태어난 우리는 이전보다는 훨씬 유기적으로 움직이고 있어요. 과거와 달리 방어전의 기회가 많은 만큼 우리는 그렘린이나 님프의 화력을 무시하고 들어오는 장갑 유닛의 요격을 맡아 맹활약을 하고 있죠. 덕분에 꽤 재밌는 시간을 보내고 있고, 그래서 더 이상은 생각을 하지 않으려고 해요. 어차피 결말은 점점 파멸을 향해 가고 있으니까요.

▦ 캐릭터 아이콘

캐릭터 디자인 : Kakiman

◀ 대기

◀ 스킬 1

◀ 스킬 2

▼ 패배

◀ 승리

T-12 칼리아흐 베라

제조사 블랙 리버 **최초 제조지** 벨기에 **타입** 경장형 **역할** 지원기
신장 162cm **체중** 51kg **신체 연령** (만) 19세
전투 스타일 DM - Spotter **무장** SCAR-H.E.C / Spotting Drone

안녕하세요? 제 이름은 베라.
시스터즈 오브 발할라의 분대 지정 사수를 맡고 있어요.

저희는 극지대에서도 유연하게 대처할 수 있는 장비와 복장을 지급받았고, 관측 기구를 활용해서 자매들의 분대에서 저격 지원을 할 수 있도록 충분한 훈련도 받았지요. 발할라에는 이미 발키리라는 훌륭한 저격수가 있지만, 발키리 자매를 보병 분대에 투입시키기에는 그 수가 턱없이 적고 특수한 목적을 가진 단독 작전들을 수행하는 경우가 잦기 때문에 보병 분대에서 저격 지원이 필요할 땐 보통 저희가 투입된다고 볼 수 있죠.

우리 자매들은 하나같이 전투가 익숙한 병사들이긴 하지만, 관측이 필요한 교전 지역을 무턱대고 진입하는 병사가 있는가 하면 심지어 탄창이 있어야 할 자리에 간식을 숨겨 두는 자매도 있죠. 그런 자매들을 제가 하나하나 꼼꼼하게 챙겨 주지 않으면 분명 문제가 생기고 말 거예요. 사령관님께도 말씀드리지만, 이건 쓸데없는 걱정이 아니에요. 사령관님도 이런 문제는 그냥 웃어넘기시면 절대 안 돼요. 아셨죠?

⠿ 캐릭터 아이콘

캐릭터 디자인 : PaintAle

◀ 대기

▼ 패배

◀ 승리

스킬 1 ▶

◀ 스킬 2

T-13 알비스

제조사 블랙 리버 **|** **최초 제조지** 덴마크 **|** **타입** 경장형 **|** **역할** 보호기
신장 145cm **|** **체중** 44kg **|** **신체 연령** (만) 14세
전투 스타일 Line infantry **|** **무장** Rebelle-50 / S-50 Ballistic shield

사령관님 안녕? 난 시스터즈 오브 발할라의 T-13 알비스라고 해.
사령관님 지금 배고프지? 내가 초코바 줄 테니까, 이거 먹으면서 들어.

그럼 알비스가 방패를 들고 있는 이유부터 말해 줄게. 원래 우리가 있던 설원에서
는 몸을 숨길 곳이 거의 없었거든? 그래서 알비스가 방패를 사용해서 언니들을 지
키고, 전선에서 버티는 일을 맡았어. 가끔씩 우리가 전선에서 시간을 벌어야 할
땐, 내 방패에 달린 연막탄을 뿌려서 몸을 숨길 수도 있었지. 이렇게 알비스는 근
거리 교전도 많이 하고 되도록 오래 버텨야 하니까 회사에서는 알비스한테 비싼
장비들을 왕창 지급해 줬어. 사령관님도 한번 구경해 볼래?

이건 알비스의 토블롱!! 엄청 튼튼하지만, 포탄은 막을 수 없어!
그리고 이건… 알비스의 갈리바우트!! 9mm 탄을 쓰는 작고 귀여운 친구야!
마지막으로… 이건 알비스의 브라운문트!! 여긴 간식을 잔뜩 넣고 남는 자리에는
탄창까지 넣을 수 있어! 대단하지? 알비스는 여기에…

응? 베라 언니 방금 나 불렀어? 알았어! 지금 갈게~. 사령관님? 나 이제 언니들한
테 가 봐야 해. 그리고, 우리 사령관님은 알비스 이야기를 다 들어주는 착한 사람
이니까 내 초코바 전부 줄게! 많이 먹어. 그러면 조금 있다가 봐~!

▦ 캐릭터 아이콘

캐릭터 디자인 : Sol

　알비스 기본 스킨

◀ 대기

◀ 스킬 1

▼ 패배

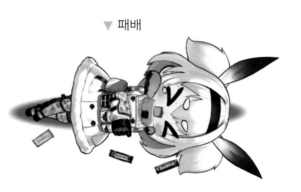

◀ 승리

알비스 백작의 습격

◀ 대기

◀ 스킬 1

▼ 패배

◀ 승리

07

ANGER OF THE HORDE

배고픈 늑대 무리들로 불리는 이 부대는 오래 전부터 적에게 공포의 대상이었다. 믿을 수 없을 정도로 신속한 기동과 막대한 화력을 동원한 타격, 그리고 바람처럼 사라지는 후퇴 기동 덕분에 신속의 칸이 이끄는 앵거 오브 호드는 적의 입장에서는 그 규모를 파악하기 쉽지 않은 군대였다. 그들은 자신들의 강점을 가장 잘 살릴 수 있는 사막과 초원에서 주로 활동했다. 특히, 활동 영역이 겹치는 러시아 남부의 전장에서 발할라의 자매들과 벌인 전설적인 일전은 전쟁사에서도 아주 중요하게 여겨질 정도.

앵거 오브 호드의 군대는 오랫동안 전쟁터에서 활약해 왔다. 이후, 연합 전쟁에서 회사 측에 징집되어 싸우다 정부군의 캐논 포트리스 공략에 실패하여 큰 피해를 입기는 했으나 부대 건제를 성공적으로 유지할 수 있었으며, 현재는 철충에 맞서 싸우는 중요 전력으로 활약하고 있다.

ANGER OF THE HORDE

~ Kill! Kill! Raid! ~

신속의 칸

NO.041

제조사 블랙 리버 | **최초 제조지** 몽골 | **타입** 경장형 | **역할** 공격기
신장 172cm | **체중** 60kg | **신체 연령** (만) 27세
전투 스타일 Raider | **무장** Lancer Revolver Cannon

내 이름은 칸. 사막 기동전의 명수지.
보통은 <신속의 칸>이라고 부르더군.

난, 본래 지휘용으로 만들어진 모델은 아니었다. 하지만, 언약의 수호자와 벌였던 전쟁에서 지휘관 모델이 모두 저격당한 와중에 내가 지휘를 맡아 상황을 정리했더니 블랙 리버에서 내게 지휘관 모듈을 달아 주더군 약간의 강화 수술과 함께 말이지.

이후에는 여러 전장을 전전했다. 기동전에서는 우릴 따라올 군단이 없었고, 인간의 멸망 이후에도 난 많은 자매들을 살릴 수 있었지.

현재 나와 내 부하들은 주로 넓은 초원과 사막에서 싸우고 있다. 속도, 용맹, 기동은 철충을 상대로도 잘 통하지. 우리의 터프함과 강력함처럼 말이야.

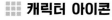

캐릭터 아이콘

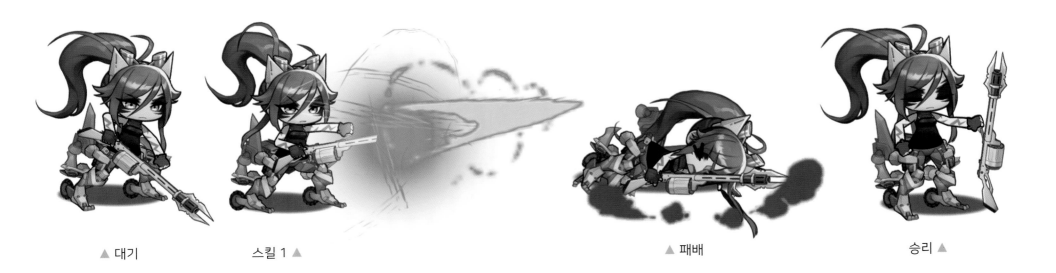

▲ 대기   스킬 1 ▲   ▲ 패배   승리 ▲

/ 칸의 퍼레이드 제복

▲ 대기   스킬 1 ▲   ▲ 패배   승리 ▲

퀵 카멜

 제조사 블랙 리버 **최초 제조지** 영국 **타입** 경장형 **역할** 공격기
신장 156cm **체중** 50kg **신체 연령** (만) 23세
전투 스타일 Assault Tank **무장** Dual Chaingun / 180mm A.A Cannon

오! 반가워 사령관. 내 이름은 '퀵 카멜'. 꽤 유니크한 이름이지?
안타깝게도 제식 코드는 받지 못했지만 이름은 잘 받아서 다행이라고 생
각해. 그러면, 내 소개를 해 줄게. 잘 들어 줘.

난 블랙 리버 산하 '앵거 오브 후드' 소속이야. 그리고 난 돌격 포병을 맡
고 있지. 우린 기동타격전에 특화되어 있는 만큼, 빠릿빠릿한 친구들만
모여 있어. 왜 그렇게 빨리 움직이냐고? 그야 당연히, 사막 한가운데서는
발이 느린 녀석들부터 표적이 되거든. 혹시 우리 '칸' 대장 본 적 있어? 우
리 대장 따라가려면 어중간한 헬기로는 힘들 걸? 정말 우리 대장이긴 하
지만 꽉 안아 주고 싶을 정도로 멋있어! 헤헤.

뭐~ 우리가 워낙 빠른 기동으로 유명해서 우리의 '화력'이 쬐끔 저평가
되는 느낌이 있는데, 내 180mm 로 적들을 팝콘마냥 튀겨 버리는 걸 보
고 나면 생각이 조금 바뀔 거야.

마무리할게, 우린 어중간한 전술, 애매한 화력으로 적을 상대하지 않아. 그
적이 '철충'이라도 갈기갈기 찢을 뿐이야. 우리의 다른 적들처럼 말이지.

▦ 캐릭터 아이콘

캐릭터 디자인 : Rorobomb

◀ 대기

◀ 피격

▼ 패배

승리 ▶

스킬 2 ▶

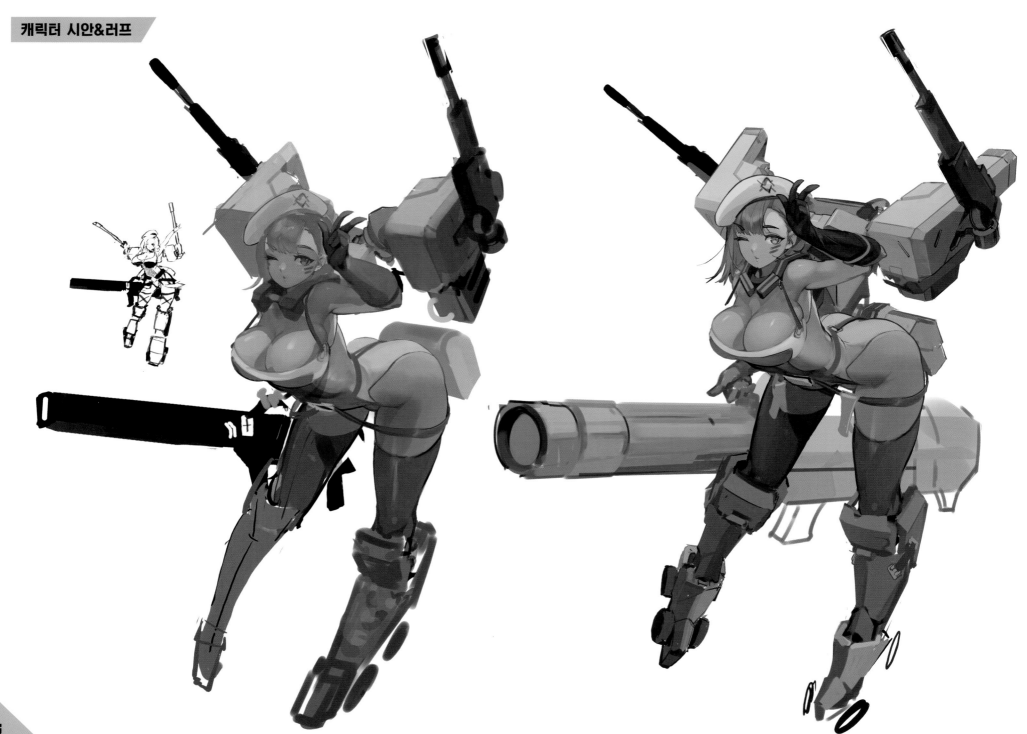

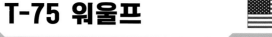

T-75 워울프

NO.043

제조사 블랙 리버 **❚ 최초 제조지** 미국 **❚ 타입** 경장형 **❚ 역할** 공격기
신장 165cm **❚ 체중** 50kg **❚ 신체 연령** (만) 25세
전투 스타일 Gunslinger Girl Of High Noon **❚ 무장** HK2070 with Bayonet

응, 반가워 사령관. 내 이름은 워울프.
참고로 '앵거 오브 후드' 소속이야. 잘 부탁해, 사령관.

난, 일반 보병으로 설계됐어. 머릿수 꽉꽉 채워서 칸 대장만 졸졸 따라다닐
병사들이 필요했거든. 사실 난 기동력만 높인 저가형 모델이야. '발이 빠른
보병'. 내 위치는 그쯤 되겠지. 내가 배치되고 몇 년간은 큰 탈 없었어. 맹세
컨데 그때까지 난 내 삶에 아무 불만 없었어. 내 인생이 바뀌게 된 계기는 전
부 '그 영화' 때문이야.

언젠가 우연찮게 막사에서 내가 '그 영화'를 봐 버린 거야. 며칠간 홀린 듯이
'그 영화'를 보고 나서, 난 더이상 총알받이로 살지 않기로 결심했지.

나는 저 바보 같은 소총부터 버렸어. 즉결 처형감이었는데, 칸 대장은 날 보
고 그냥 씩 웃었지. 아무튼 급한 대로 작전에 투입되긴 했어. 지금 떠올려 보
니… 그렇게 하고도 어떻게 살아남았나 몰라.

결과적으로. 그날 작전은 성공적이었어, 물론 완벽하진 않았지만. 어쨌든 그
작전 이후로, 난 꽤 괜찮은 평가를 받고 재설계까지 들어갔어. 근데, 이놈의
성격은 어떻게 안 바뀌는 것 같더라고.

▦ 캐릭터 아이콘

캐릭터 디자인 : Rorobomb

157

캐릭터 아이콘

◀ 대기

◀ 스킬 1

▼ 패배

승리 ▶

/ 버카니어 시울프

◀ 대기

◀ 스킬 1

▼ 패배

승리 ▶

NO.044

E-16 탈론페더

제조사 블랙 리버 **ǀ 최초 제조지** 미국 **ǀ 타입** 기동형
역할 지원기 **ǀ 신장** 164cm **ǀ 체중** 48kg
신체 연령 (만) 21세 **ǀ 전투 스타일** Scout
무장 XV-5 Auto Turret

안녕하세요, 사령관님. 저는 탈론페더라고 해요.
앵거 오브 호드에서 정찰 임무를 담당하고 있어요.

저희는 원래 공중 전투용 바이오로이드였고, 칸 대장님 밑으로 전입하면서 추
가로 개조를 받았죠. 그 뒤에 벌어진 2차 연합 전쟁 때, 저희는 전투를 겸한 저
고도 강행 정찰을 주로 맡았는데, 발할라의 저격수들이 너무 뛰어나서 성과에
비해 희생이 컸다고 해요.

그래서 주무장이었던 미사일을 전부 떼어 버리고, 연료 탱크를 추가로 탑재
하고, 비행 알고리즘을 개선하는 등, 추가적인 개조를 통해 항속거리와 비행
성능을 높였어요. 덕분에 높은 고도에서 안전하게 정찰할 수 있게 됐죠.

인간님들은 아무리 정찰기라도 최소한의 무장은 갖춰야 한다고 생각하셨는
지, 이 자동 조준이 되는 미니건을 장비해 주셨는데… 명중률이 조금 떨어져
서…제가 이 패널로 직접 사격하고 있어요.

아, 이 패널로는 사격 관제 말고도 여러 가지를 할 수 있어요.
예를 들면 이렇게 사진을…
어머, 잘 찍혔네요. 앞으로도 종종 부탁드릴게요?

▦ 캐릭터 아이콘

캐릭터 디자인 : Sol

161

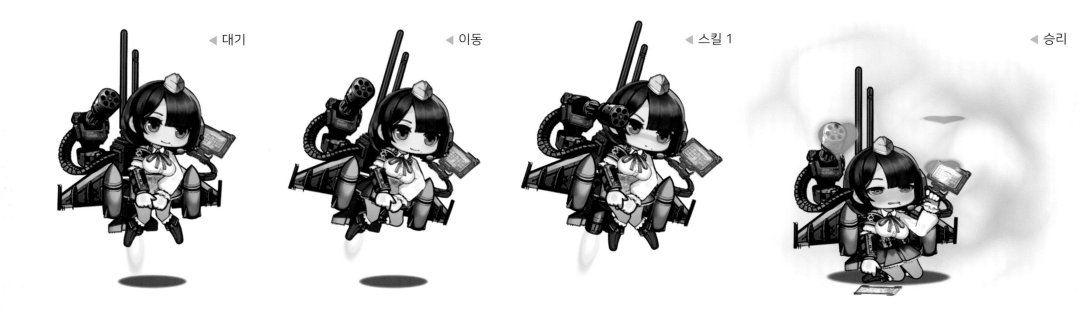

◀ 대기　　　　◀ 이동　　　　◀ 스킬 1　　　　◀ 승리

▼ 패배

08

DOOM BRINGER

인류의 멸망에도 불구하고 여전히 가장 무장을 잘 갖춘 군대를 꼽자면 둠 브링어를 들 수 있을 것이다. 기업의 세계 지배에 따라 창설된 이 군대는 4군 중에서 가장 뒤늦게 만들어졌지만, 가장 악명을 떨친 부대이기도 하다. 번개같이 날아와 퍼붓는 기동 타격과 성층권을 넘나들며 벌인 전략 폭격은 둠 브링어에게 자신의 이름에 걸맞은 명성을 부여했다. 적들이 둠 브링어를 두려워한 또 다른 이유는 둠 브링어가 열핵 병기를 다양하게 보유하고 있다는 점이었다. 물론 실제로 열핵 병기에 대한 제어권을 쥐고 있는 것은 인간이었기에 사용된 적은 없었지만 그 존재만으로도 둠 브링어는 공포의 대상이 되기에 충분했다.

인류의 멸망 이후에도 둠 브링어는 다른 3개의 군에 비해 상당한 전력을 보존할 수 있었는데, 공중 수송 능력 덕분에 철충이 오지 못하는 섬으로의 후퇴가 용이했고, 그 와중에 최대한 많은 전략 물자를 섬으로 옮길 수 있었기 때문이다. 병기의 생산성이 부족하다는 문제를 안고 있으나 이들은 어떻게든 물자를 짜내 철충에 대한 폭격을 지속하고 있다.

DOOM BRINGER

~ Send them to god. He will choose. ~

멸망의 메이

제조사 블랙 리버 | **최초 제조지** 미국 | **타입** 기동형 | **역할** 공격기
신장 140cm | **체중** 33kg | **신체 연령** (만) 16세
전투 스타일 Strategos | **무장** Throne of Judgement

인간들은 나를 블랙 리버의 모순 그 자체라고 말하지.
원래 우리 바이오로이드들은 인간에게 봉사하기 위해 태어났잖
아? 혹시라도 인간에게 상해를 입히면 괴로워하고 스스로를 해
치기도 하거든. 특히 대량 살상 무기를 운용하는 전쟁용 바이오
로이드들은 더욱 그렇지. 나약하게도 말이지.

이 몸이 만들어진 건 바로 그 나약한 죄책감을 동반한 전략적 판
단을 떠넘기기 위해서야. 주인의 명령에 따라 다른 인간을 해치
고도 완벽하게 평정심을 유지할 수 있는 지적이고 냉철하고 강철
같은 정신력을 지닌 이 몸의 이름은 그 강대한 책임과 능력에 걸
맞게 '멸망의 메이'로 정해졌지.

모순적이지만 안타깝게도 난 보통 전쟁에서는 활약을 하지 못했
어. 내가 걷는 걸음이, 내가 나서는 행위가 바로 큰 불행을 의미했
거든? 날 만든 인간의 멸망 과정에서야 우린 "중요한" 전략적 선택
을 할 수 있었지. 안타깝게도 멸망을 막을 순 없었지만 말이야. 그
후에 우리는 저항군에 합류해 우리 주인의 복수를 하고 있어.

나를 보고 고압적이고 호전적이고 심지어 잔인하다고 말하는 멍
청이들도 있지만… 글쎄? 그 멍청이들이 내 어깨 위에 얹혀 있던
짐의 무게를 알고 있을까? 라비아타마저도 내 호전성을 걱정하
면서도 내게 전략적 선택을 의지하는데 말야. 결국, 우리와 우리
의 화력이 아니면 그 수많은 철충들을 그놈들의 신의 곁으로 보
낼 수 없다는 걸 기억해야 할 거야.

 ▦ **캐릭터 아이콘**

캐릭터 디자인 : PaintAle

캐릭터 아이콘

메이 기본 스킨

▼ 대기

◀ 스킬 1

◀ 패배

◀ 승리

아토믹 섹시 메이

▼ 대기

◀ 스킬 1

◀ 패배

◀ 승리

폭발하는 사랑

▼ 대기

◀ 스킬 1

◀ 패배

◀ 승리

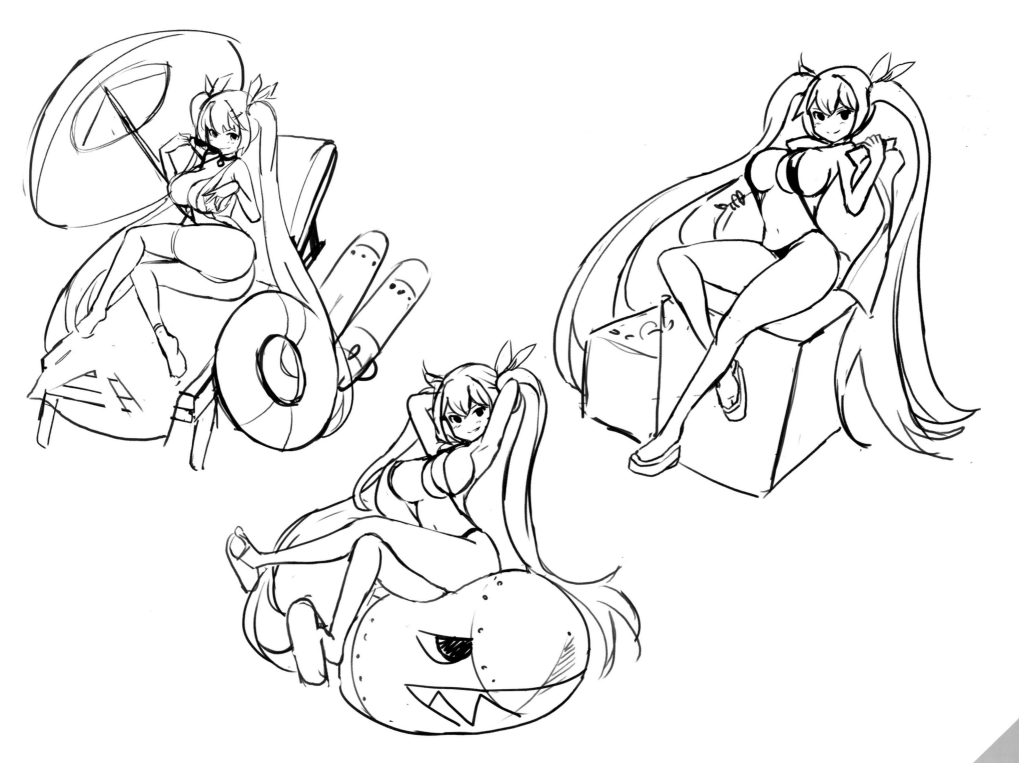

B-11 나이트 엔젤

제조사 블랙 리버 **| 최초 제조지** 미국 **| 타입** 기동형 **| 역할** 공격기
신장 175cm **| 체중** 57kg **| 신체 연령** (만) 25세
전투 스타일 Stealth Bomber **| 무장** SW89 Wing Plane <Shadow Blade>

안녕, 난 B-11. 사람들은 날 나이트 엔젤이라고 불러요.
조용히 날아와 모든 것을 밤으로 만들어 버리는 천사죠.

난 나름대로 무기형 바이오로이드 유닛 개발의 역사에서 가장 중요한 위치를 차지하고 있어요. 시대가 흐르면서 정밀 폭격은 로봇과 바이오로이드로 대체되었지만, 고고도 스텔스 전략 폭격에는 여전히 대형 항공기를 썼거든요. 하지만 제가 등장하면서 모든 게 바뀌었죠. 스텔스 상태에서 편대로 날아가 고고도 폭격을 퍼부을 수 있는 저와 제 자매 몇 명이 대형 폭격기보다 확실히 싸게 먹혔거든요.

하지만, 이 스텔스를 위해서 희생한 것도 많아요.
예를 들어… 빌어먹을! 제 요철이 적은 바디라던가… 거무죽죽하고 우중충한 스텔스 제복이라든가… 뭐 지금은 아무래도 좋아요. 인간이고 바이오로이드고 워낙 줄었으니까요.

어쨌든 저와 제 자매들은 지금도 철충의 눈이 닿지 않는 고고도에서 폭격을 수행하고 있어요. 꼬맹이 주제에 가슴만 되게 큰 메이 대장이 명령하는 대로요.

▦ 캐릭터 아이콘

캐릭터 디자인 : Kakiman

■ 캐릭터 아이콘

■ 캐릭터 아이콘

 ◀ 대기

 ◀ 스킬 1

▼ 패배

◀ 승리

// 경영 수영복 나이트 앤젤

 ◀ 대기

 ◀ 스킬 1

▼ 패배

◀ 승리

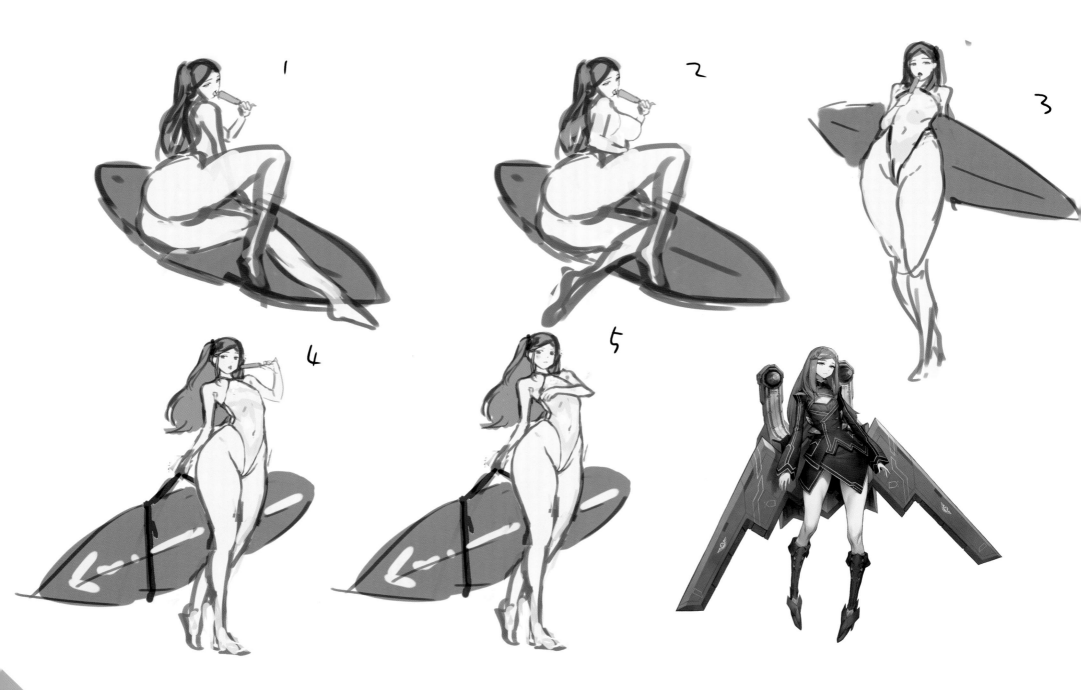

1

2

3

4

5

37식 다이카

제조사 블랙 리버 | **최초 제조지** 일본 | **타입** 기동형 | **역할** 지원기
신장 168cm | **체중** 54kg | **신체 연령** (만) 21세
전투 스타일 AWACS | **무장** Anti-Radar Missile / Radar Umbrella

반갑습니다, 사령관님. 'Type-37 다이카'가 사령관님을 뵙겠어요. 저는 '둠 브링어'의 각종 정보 활동을 담당하고 있답니다.

저희 모델들은 오로지 메이 대장님의 눈이 되어 드리기 위해 설계되고 운용되어 왔습니다. 그런 이유로 저희들의 모든 레이더와 측정 장치들은 메이 대장님이 주시하는 곳만을 향했지요.

하지만 끔찍했던 연합 전쟁과 철충의 습격을 거친 이후에는 둠 브링어 전체를 위해 활동하고 있답니다. 덕분에 제가 수집한 주요 정보들을 다른 자매들에게도 전달할 수 있었고, 결과적으로 수많은 자매들의 목숨을 구할 수 있었지요. 저는 이 모든 것이 메이 대장님의 명령에 따른 '아름다운 성과'라고 생각하고 있어요.

걱정 마세요. 저는 앞으로도 사령관님이 원하시는 곳을 밝혀 드릴 테니까.

캐릭터 아이콘

캐릭터 디자인 : PaintAle

캐릭터 아이콘

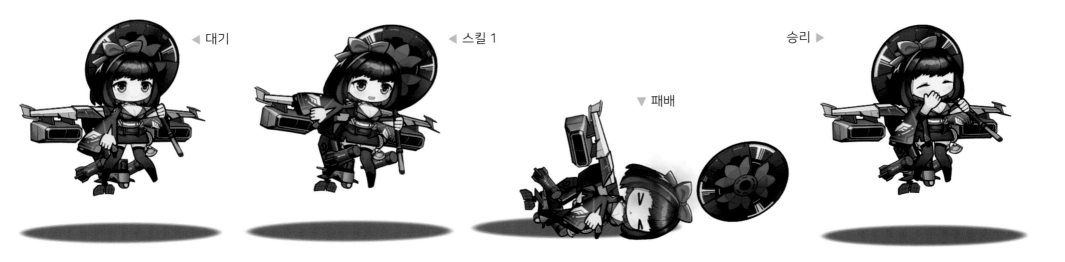

◀ 대기 ◀ 스킬 1 ▼ 패배 승리 ▶

다이카의 신혼여행

◀ 대기 ◀ 스킬 1 ▼ 패배 승리 ▶

P-2000 지니야

NO.054

제조사 블랙 리버 **| 최초 제조지** 프랑스 **| 타입** 기동형 **| 역할** 보호기
신장 158cm **| 체중** 55kg **| 신체 연령** (만) 16세
전투 스타일 Pursuit **| 무장** FMAB Assault Rifle

헤헤. 안녕하세요. 보르도에서 날아온 호위기 지니야예요. 코드로 추격기를 뜻하는 P가 붙어 있는 건 어쩔 수 없어요. 처음엔 추격기로 만들어졌거든요.

전 저렴한 가격으로 제공권을 쉽게 장악할 수 있도록 만들어졌어요. 단순한 형태 덕분에 제조하기가 굉장히 쉬워서 하늘을 뒤덮을 정도로 양산할 수 있었거든요. 그래서 전 연합 전쟁 기간에도 제공권 장악의 일등 공신이었다구요.

뭐, 조금 안타깝게도 인류는 멸망했지만 절 생산하던 공장은 여전히 많이 남아 있었고, 바이오로이드에 의해서 저와 제 자매들은 계속 생산될 수 있었어요. 덕분에 지금도 철충과의 최전선에 어마어마한 양을 투입할 수 있죠. 철충과 숫자로 맞설 수 있는 유닛은 저랑 브라우니 정도밖에 없다구요!

▦ 캐릭터 아이콘

캐릭터 디자인 : SIMA

181

◀ 대기

◀ 스킬 1

◀ 스킬 2

▼ 패배

◀ 승리

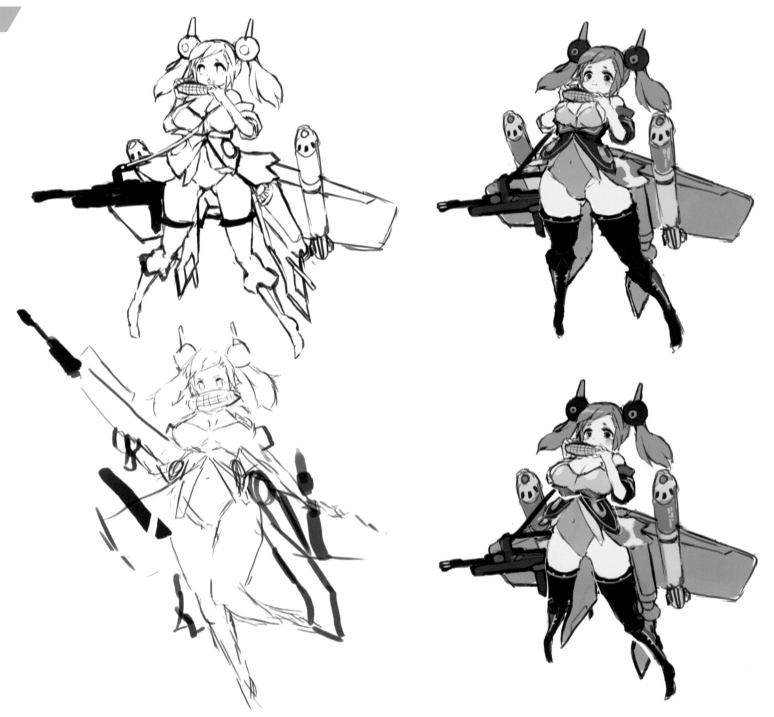

NO.055

P-18 실피드

제조사 블랙 리버 **ㅣ 최초 제조지** 독일 **ㅣ 타입** 기동형 **ㅣ 역할** 공격기
신장 145cm **ㅣ 체중** 38kg **ㅣ 신체 연령** (만) 16세
전투 스타일 Pursuit **ㅣ 무장** Type 60 LMG / Roc AAM

안녕, 난 완전 잘 나가는 추격기 실피드야.
후후, 놀랐어? 초 귀여운 내가 와서?

난 원래 메이 대장의 호위기로 제작됐어. 연합 전쟁 기간에는 나와 내 자매 수십 명이 메이 대장 한 명을 호위하기도 했거든. 공로? 완전 쩔었거든? 우리 덕분에 메이 대장은 단 한 번의 피격도 당하지 않았다고!

에… 물론 그 다음은 좀 부끄러운 일이긴 한데, 철충과의 전쟁에선 메이 대장을 제대로 지키지 못했어. 칫! 그 자식들이 그 정도로 집요하고 수가 많을 줄은 몰랐거든. 우리와 메이 대장들은 어쨌든 거의 전멸 당했지. 라비아타가 우릴 복구해 주기 전까진 우린 전장에서 날아다닐 수 없었어.

지금은 초 멋진 내 능력을 살려서 호위기로 또 추적기로 활약하고 있어.
이젠 철충의 약점과 강점을 파악한 만큼, 손쉽게 당하진 않을 거라고!

▦ 캐릭터 아이콘

캐릭터 디자인 : PaintAle

◀ 대기

◀ 스킬 1

◀ 스킬 2

▼ 패배

◀ 승리

LAST ORIGIN

09

ARMORED
MAIDEN

연합 전쟁 당시, 회사 측은 강력하게 요새화된 도시들을 공격할 목적으로 방어력과 공격력을 고루 갖춘 부대를 창설하기 위해 여러 바이오로이드들을 소집, 개조 과정을 거쳐 강력한 장갑 포병 전력을 만들었다. 과거, 장갑차나 전차와 같은 역할을 맡은 이 부대는 무장한 처녀들이라는 이름을 얻었고, 회사 측의 공성 임무에 자주 동원되었다.

하지만, 안타깝게도 철충과의 전쟁 동안 아머드 메이든은 괴멸적 타격을 입었다. 그녀들은 강력한 방어력을 지녔기에 후퇴하는 아군을 엄호하는 등의 위험한 임무에 동원되었고, 결국 대부분의 바이오로이드가 전선의 방패가 되어 희생당했다. 하지만, 여전히 소수의 무장한 처녀들이 남아서 조직 체계의 붕괴에도 불구하고 개별적인 저항을 지속하고 있다. 만약 생산 라인이 다시 가동되고 살아남은 그녀들을 다시 모을 수만 있다면 이 중장형 바이오로이드들은 큰 도움이 될 것이다.

ARMORED MAIDEN

~ Armored Maiden at the gate ~

A-1 블러디 팬서

제조사 블랙 리버 ▎**최초 제조지** 한국 ▎**타입** 중장형 ▎**역할** 보호기
신장 163cm ▎**체중** 51kg ▎**신체 연령** (만) 24세
전투 스타일 Assault Tank ▎**무장** 120mm Typhoon Tank gun

A-1 블러디 팬서, 자기 소개합니다.

전 최고의 군인이자 장갑병으로 태어났지 말입니다. 뭐, 간부들의 말을 들으면 엄청나게 요새화된 도시의 방어 시스템을 견디며 그 시스템에 지속적이고 간단하게 치명적인 화력을 투사하기 위해서는 저 같은 장갑병이 필요했지 말입니다. 물론, 그중에서도 전 첫 번째로 제조되어 No.1이라는 명예로운 번호를 받았지 말입니다.

아, 제 능력 말임까? 제 능력은 적의 공격을 견디고 적에게 대포를 쓰는 것 하나지 말입니다. 단순해 보여도 얕보진 말아 주시지 말입니다. 전 가장 많은 도시와 가장 많은 요새를 함락시킨 최고의 장갑병이니까 말입니다.

제 화포는 사실 철충에게 더 잘 듣지 말입니다. 여러 가지 포탄을 사용 가능한 전, 철충에 따라 딱 필요한 포탄을 쏴서 철충을 쉽게 없애 버리지 말입니다. 뭐, 곧 알게 될 거니 설명은 여기까지만 하지 말입니다.

▦▦ 캐릭터 아이콘

캐릭터 디자인 : Kakiman

◀ 대기

◀ 패배

◀ 승리

스킬 1 ▶

스킬 2 ▶

NO.062 A-54 칼리스타

제조사 블랙 리버 ▮ **최초 제조지** 미국 ▮ **타입** 중장형 ▮ **역할** 공격기
신장 161cm ▮ **체중** 55kg ▮ **신체 연령** (만) 16세
전투 스타일 Assault Tank ▮ **무장** T178 90mm AutoCannon

흐응? 반가워. 내 이름은 A-54 칼리스타.
당신이 새로 왔다던 그 사령관이겠지? 잘 부탁해.

난 요새나 적의 전차를 지속적으로 타격하기 위해 설
계됐어. 같은 아머드 메이든 소속이지만 블러디 팬서
가 방어에 무게를 두었다면, 나는 보다시피 방호를
포기한 대신 핀 포인트로 90mm 직사를 쉬지 않고
먹일 수 있어.

양쪽에 90mm를 들고 적이 먼지가 될 때까지 쏜다
니. 누구 생각인지는 모르겠지만, 나는 마음에 들어.
그 덕분에 탄 수급 문제 같은 소소한 걱정거리 정도
는 있지만… 역시 그런 건 지휘관들의 숙제겠지? 내
가 할 수 있는 건, 포탄을 잔뜩 장전한 뒤에, 제일 튼
튼해 보이는 녀석에게 쉬지 않고 쏘는 거야. 사령관
은 과열 같은 건 신경 쓰지 마. 내가 컨트롤할 수 있
으니까.

캐릭터 디자인 : PaintAle

▦ 캐릭터 아이콘

칼리스타 기본 스킨

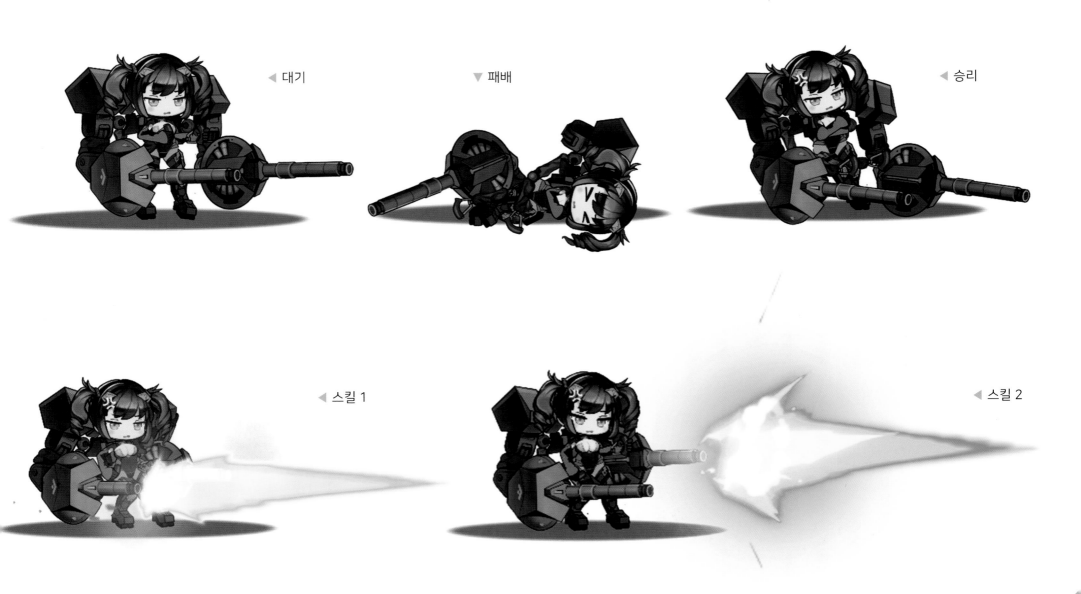

◀ 대기

▼ 패배

◀ 승리

◀ 스킬 1

◀ 스킬 2

NO.065

A-6 이오

제조사 블랙 리버 ▌ **최초 제조지** 그리스 ▌ **타입** 중장형 ▌ **역할** 공격기
신장 163cm ▌ **체중** 49kg ▌ **신체 연령** (만) 16세 ▌ **전투 스타일** Fire Support
무장 50mm Dreadnought Auto Cannon / Six-barrel Missile launcher

으… 안녕하세요.
전 장갑 유닛 A-6라고 해요. 코드명으로는
'이오'라는 이름을 받았고요. 저 같은 애한
텐 좀 과분한 이름이지만요.

제게 새겨진 유전자 정보에 따르면 전 다
른 유닛들과 다르게 장기적이고 조심스러
운 공성전에 주로 투입되기 위해서 만들어
졌다고 해요. 제가 소심한 것도 그것 때문
일지도요… 어쨌든 장갑도 가벼운 편이고
장갑에 비해선 화력이 센 편이라 연합 전
쟁 기간 동안 조금은 도움이 되었다고 해
요. 그래서 저 같은 애가 폐기되지 않은 거
겠죠?

이제 인간님들이 멸망해 버리고 철충과 싸
우고 있긴 하지만, 제가 도움이 되는지는 확
신할 수 없어요. 그래도 저 머신건도 쏠 수
있고 미사일 런처도 있으니까 완전히 쓸모
없진 않을지도 몰라요.

▦ 캐릭터 아이콘

캐릭터 디자인 : PaintAle

◀ 대기

▼ 패배

◀ 승리

스킬 1 ▶

스킬 2 ▶

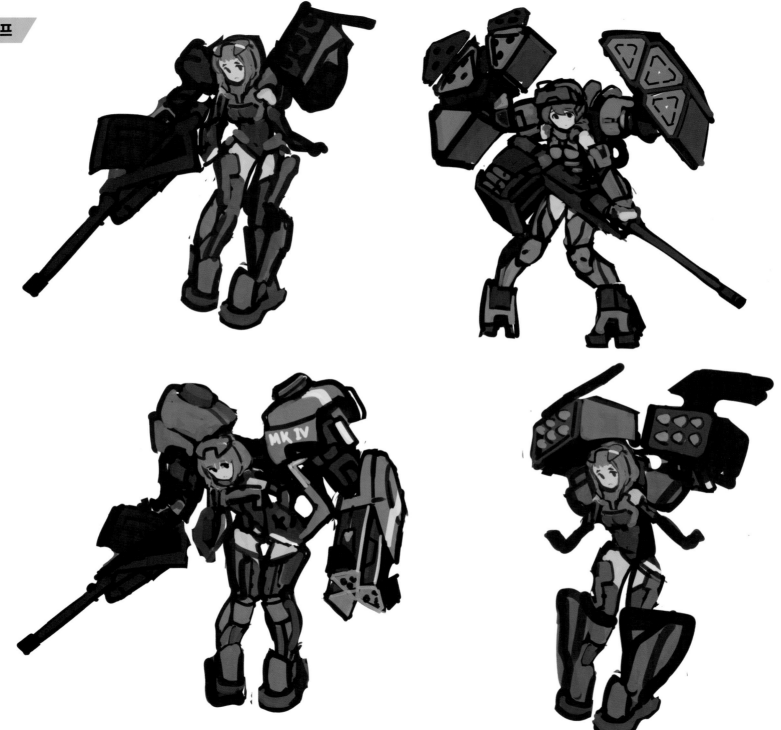

A-14B 스프리건

제조사 블랙 리버 **ǀ 최초 제조지** 미국 **ǀ 타입** 중장형 **ǀ 역할** 공격기
신장 168cm **ǀ 체중** 56kg **ǀ 신체 연령** (만) 19세
전투 스타일 Sniper **ǀ 무장** BFG1000 / Missile Launcher

만나서 반가워! 내 이름은 '스프리건'.
일단 아머드 메이든 소속이고, 합류한 지는 얼마 안 됐어.

사령관님도 알다시피 아머드 메이든의 친구들은 정말 터프하긴 한데, 샤프한 맛이 조금 떨어지는 게 조금 아쉽잖아? 그래서 내가 저격 지원을 맡아서 하고 있어. 간부들 말로는 내가 투입된 뒤로 포탄을 엄청나게 절약할 수 있었다고 해. 생각해 보면, 적이 어떤 녀석이든 우리 친구들은 주포를 쏴서 터트리려 했을 텐데, 그건 구경하는 입장에서나 재미있는 상황이고, 군수 담당자는 분명 속이 터져 나갔을 거야….

작전 중, 내 임무는 간단해. 이 작고 귀여운 BFG1000을 들고 멀리 숨어있는 녀석의 숨통을 끊거나, 친구들로부터 도망가지 못하게 적당한 구멍을 뚫어 놓는 것. 물론 어느 쪽이든 난 상관 없어. 난 내가 노린 목표는 놓쳐 본 적이 없거든.

자! 내 소개는 이 정도면 충분한 것 같네.

음… 시간이 조금 남아서 하는 말인데, 혹시… 사령관님은 뭔가 다른 부대원들 소문 같은 거 좀 없어? 있구나? 하하! 괜찮아. 나 입 엄청 무거우니까. 우리 잠시 저쪽으로 가서 이야기할까? 어서 가자.

▦ 캐릭터 아이콘

캐릭터 디자인 : Sol

▦ 캐릭터 아이콘

◀ 대기   ◀ 스킬 2   ▼ 패배   승리 ▼

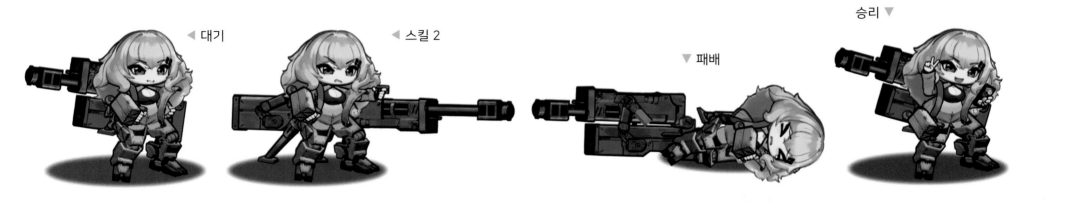

해변 리포터 스프리건

◀ 대기   ◀ 스킬 2   ▼ 패배   승리 ▶

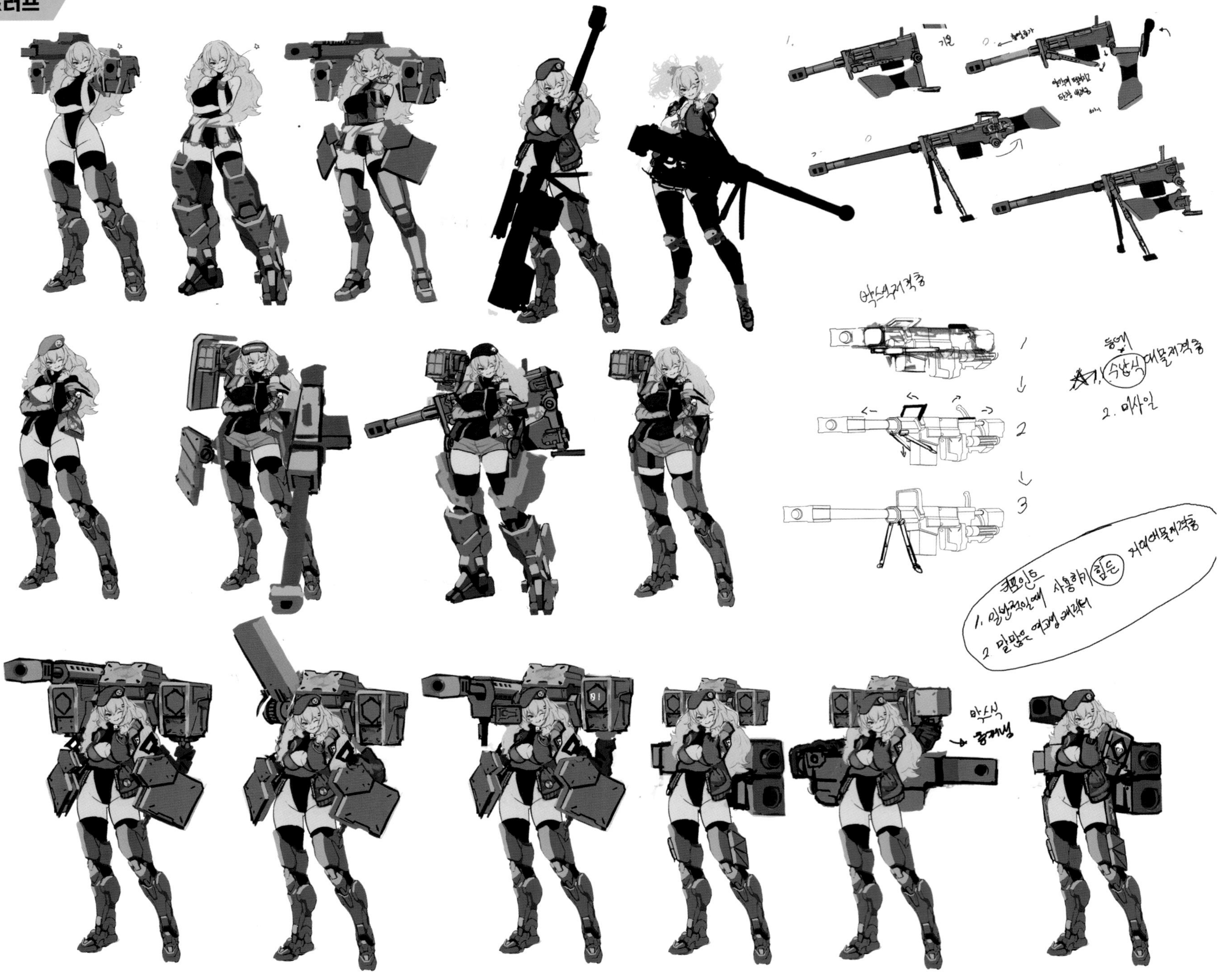
박스식저격총
1
2
3
등에
1. 수납식 대물저격총
2. 미사일
2. 말많은 여고생 캐릭터
박스식

10

AA
CANNONIER

AA 캐노니어는 아머드 메이든과 비슷한 시기에 창설된 부대 이다. 이 부대는 정확히 아머드 메이든과 반대 역할을 맡기기 위해 만들어졌다. 정부의 요새화된 도시에 아머드 메이든이 위협적이었던 것처럼, 회사의 요새에도 적 중장 AGS의 공성 이 가장 위협적이었다.

회사의 지도자들은 AA 캐노니어 부대를 창설, 중장 AGS도 파괴할 수 있는 관통력과 화력을 부여했다. 하지만, 안타깝 게도 이 AA 캐노니어들은 상대적으로 다른 중장 유닛에 비 해 장갑이나 기동력이 부족했기에 주로 방어전에 사용될 수 밖에 없었지만 중장 AGS와의 교전에서 압도적인 교환비로 큰 명성을 얻었다.

철충과의 전쟁 시절, 아머드 메이든과 마찬가지의 이유로 그 녀들은 괴멸적 피해를 입었다. 돌격해 오는 철충에 맞서 최 전선에서 포격을 퍼붓는 역할을 맡았던 캐노니어들은 큰 피 해를 입었으며, 여전히 그 피해는 복구되지 못한 상태이다.

AA CANNONIER

~ Friends of all Civilizations and Cities ~

AT-100 비스트헌터 🇺🇸

제조사 블랙 리버 **┃ 최초 제조지** 미국 **┃ 타입** 중장형
역할 공격기 **┃ 신장** 166cm **┃ 체중** 51kg
신체 연령 (만) 24세 **┃ 전투 스타일** Bombardier
무장 157mm Jaeger Cannon

대부분의 적들은 저보다는 제 157mm 예거 캐논을 먼저 신경 쓰겠죠. 뭐, 그것도 당연해요. 제 예거 캐논은 거대하고, 현존하는 단포신 강선포 중에서는 최강의 위력을 자랑하니까요. 하지만, 그게 다일까요? 이런 거대한 포를 자유자재로 다룰 수 있는 바이오로이드가 누구라고 생각하는 걸까요?

포병은 전장의 신이라고 누군가 말했죠. 수십 년에 걸친 연합 전쟁 동안, 전 신으로 군림했어요. 어떤 보병도 어떤 강력한 장갑병도 제 앞에서는 바람 앞의 낙엽처럼 무너졌죠. 이 거대한 포는 제 자부심이었고, 이 거대한 포를 다룰 수 있을 정도로 뛰어난 신체 능력과 능숙한 기술은 저를 전쟁의 여신이자 장갑병의 공포, 그리고 전장의 사냥꾼으로 만들어 주었죠.

네, 이젠 장갑병은 제 적이 아니죠. 인간의 멸망은 제 임무를 변화시켰으니까요. 꽤 많은 피해를 입긴 했지만 저와 제 자매들은 수없이 많은 철충들을 파괴했어요. 제 강선포 앞에서는 철충도 어차피 사냥감에 불과하니까요. 아니, 어쩌면 이제야 제 이름에 걸맞은 제 자리에 돌아온 것 같아 기쁘기까지 하네요. 부디, 언젠가 돌아올 인간들이 절 다시 여신으로 만들어 주었으면 좋겠군요.

⊞ 캐릭터 아이콘

캐릭터 디자인 : Kakiman

바다사냥꾼 비스트헌터

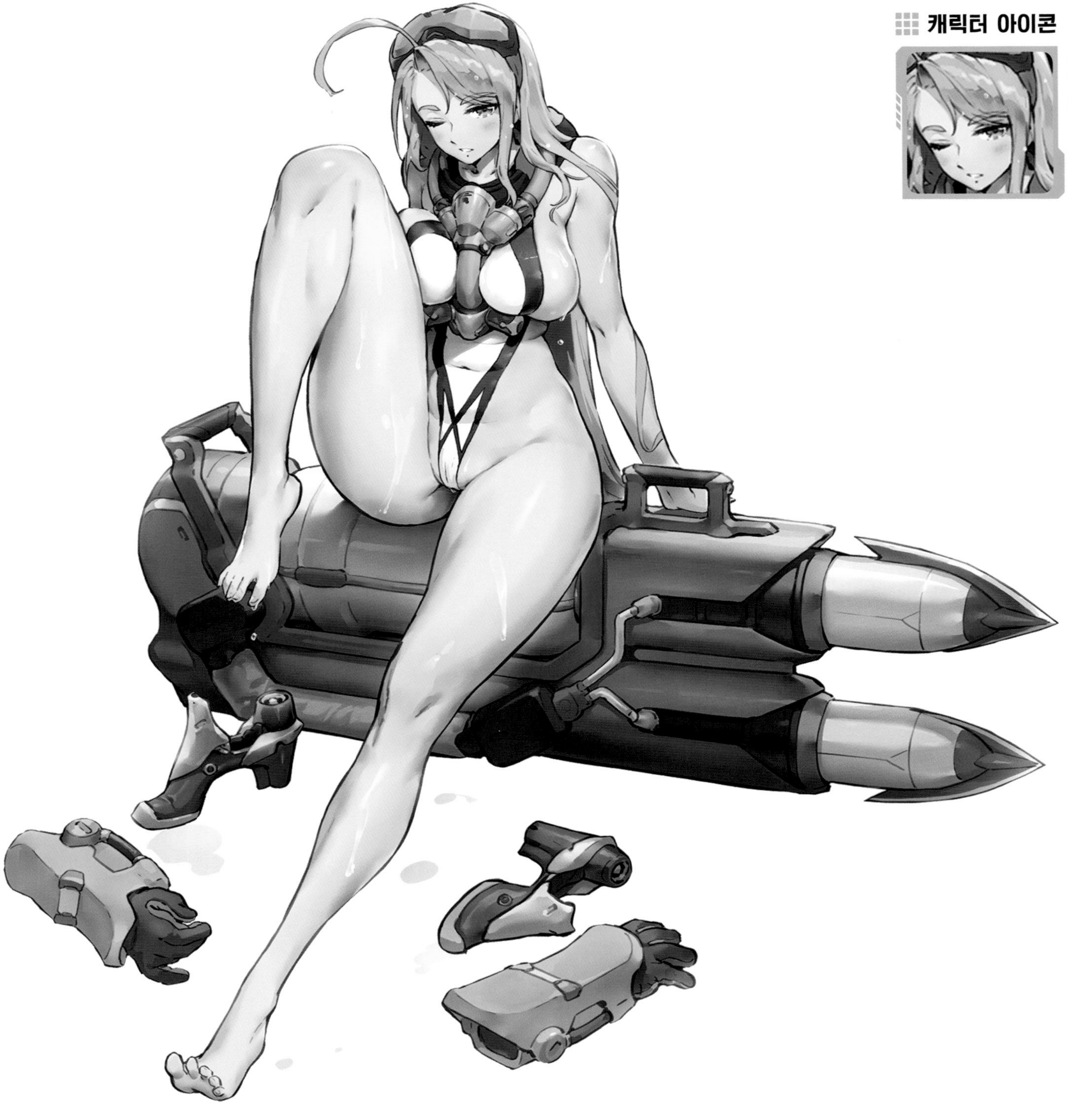

캐릭터 아이콘

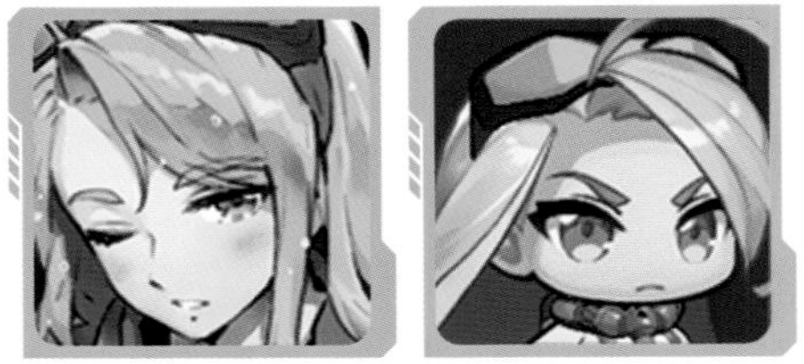

◀ 대기   ◀ 스킬 2   ◀ 패배   ◀ 승리

바다사냥꾼 비스트헌터

◀ 대기   ◀ 스킬 2   ◀ 패배   ◀ 승리

X-05 에밀리

제조사 블랙 리버 **┃ 최초 제조지** 독일 **┃ 타입** 중장형 **┃ 역할** 공격기
신장 159cm **┃ 체중** 46kg **┃ 신체 연령** (만) 16세
전투 스타일 Bombardier **┃ 무장** Xenox Railgun

X-05 에밀리야….

형식명이 다른 건 정식 모델이 아닌 시험 모델이라서 그렇다고 해…. 난 화력을 높이면서 포병의 단점인 기동력을 개선하기 위한 5번째 시험 모델이었던 것 같아. 자율 부유식 가변형 레일건인 제녹스 덕에 다른 포병 동료들보다는 빠르게 움직일 수도 있고… 충전에 시간이 좀 걸리지만 빔 병기로도 사용할 수 있어. 위에 타고 다닐 수도 있긴 한데… 동료들이 그러지 말래.

연합 전쟁에는 배치된 적이 없지만… 다른 동료들의 전투 데이터 덕분에 철충과의 전투는 문제없이 수행할 수 있어…. 이걸 쏘면 대부분 없어져. 주의할 점은… 다른 시험 모델의 문제였던 과부하 문제는 여전히 가지고 있어. 감당할 수 있는 능력보다 높은 출력 때문에 자멸하게 되는 문제인데… 리미터 때문에 평소에는 괜찮지만… 위험한 상황에선 제어가 힘들어….

사실… 비전투 관련 데이터는 거의 없어서 전투 외에는 서툴러….
가끔 동료들이 이상하게 볼 때도 있어서 다른 것들도 익숙해지고 싶지만… 어려워. 이 소개도 동료들이 도와줘서 좀 능숙하게 할 수 있었던 거 같아…. 어때…?

▦ 캐릭터 아이콘

캐릭터 디자인 : Rorobomb

캐릭터 아이콘

◀ 대기　　　◀ 스킬 1　　　▼ 패배　　　승리 ▶

신입생 에밀리

◀ 대기　　　◀ 스킬 1　　　▼ 패배　　　승리 ▶

AT-4 파니

제조사 블랙 리버 **| 최초 제조지** 그리스 **| 타입** 중장형
역할 공격기 **| 신장** 158cm **| 체중** 46kg **| 신체 연령** (만) 19세
전투 스타일 Bombardier **| 무장** 183mm Caesar Cannon

후후. 자, 전장의 공포, 강력한 화력으로 모두를 패닉으로 빠뜨려 버리는 파니가 왔어!

내 시저 캐논만 봐도 내 주특기가 뭔진 알겠지?
이 크고 아름다운 화포를 봐 줘. 세상에서 내가 뚫을 수 없는 장갑은 없을 것 같지 않아? 후후, 예측대로야. 난 연합 전쟁의 기간 동안 요새의 방어병으로 수많은 장갑병들을 해치웠거든. 어떤 녀석이든 나한테 걸리면 끝이라고.

뭐, 물론 포가 너무 커서 조금 이동이 힘들다거나 그런 사소한 단점들은 있지만, 내 화력을 보면 그 단점들은 전혀 생각나지 않을 거야. 뭐, 내 캐논의 사정거리라면 웬만하면 움직이지 않고도 적을 타격할 수 있으니까.

인류 멸망 이후엔 적이 바뀌어서 처음엔 혼란스럽긴 했어. 이 철충 녀석들은 비열하게 우리가 움직이기 힘들다는 약점을 집요하게 찔러 왔거든.
지금? 지금은 우리도 대비가 됐지. 포는 조금 더 경량화했고 우리의 근력은 조금 늘었다고. 이전처럼 고정 포대 노릇만 하는 건 아니란 말씀.
아! 물론 우릴 지켜주는 동료들이 있으면 더 잘 싸울 수 있다는 건 잊지 말아 줘!

::: 캐릭터 아이콘

캐릭터 디자인 : Rorobomb

◀ 대기

◀ 패배

◀ 승리

스킬 1 ▼

스킬 2 ▶

AO-2 레이븐

제조사 블랙 리버 **┃ 최초 제조지** 미국 **┃ 타입** 기동형 **┃ 역할** 지원기
신장 170cm **┃ 체중** 59kg **┃ 신체 연령** (만) 20세
전투 스타일 Forward Observer **┃ 무장** Disc Launcher / Spotting System

반가워, 난 AO-2 레이븐. 레이븐이라고 불러줘.
누나라고 불러도 상관 없으니까, 사령관이 내키는 대로 해.

난 'AA 캐노니어'에서 공격 지원 임무를 맡고 있어. 설명하자면, 난 우리 자매들
의 포가 정확한 곳을 조준할 수 있도록 스캐너로 지원하거나, 적들이 우리 자매들
을 쉽게 공격할 수 없게 교란하는 일을 하지. 뭐, 유사시에는 내가 장비한 점착 폭
탄으로 어느 정도 화력 지원도 가능하지만… 우리 자매들의 주포에 비하면 내 폭
탄은 민망한 수준이니까 과신하지 않는 게 좋아.

그래서 누난 요즘 뭐하고 지내냐고? 지금은 라비아타와 자매들을 도와서 철충들
을 신나게 사냥하고 있지. 그리고 가끔씩 기분전환도 할 겸, 이 호버윙을 타고 이
곳저곳 여행도 다니곤 해. 저 끔찍하게 생긴 철충들만 없다면, 좀 더 멀리 돌아다
닐 수도 있을 텐데. 자~ 그럼 누난 먼저 가 봐야 할 것 같아. 또 봐, 사령관.

⊞ 캐릭터 아이콘

캐릭터 디자인 : SIMA

◀ 대기

▼ 패배

◀ 승리

◀ 스킬 1

◀ 스킬 2

11

TEAM BERMUDA

인간의 인지를 능가하는 힘에 대한 갈망은 인간을 넘어선 인간인 바이오로이드 유닛에도 그대로 이어졌다. 인간 신체의 개조는 대체로 제한되어 있었기에 그러한 제한에서 상대적으로 자유로웠던 바이오로이드들은 여러 초능력 실험의 대상이 되었고, 수많은 프로젝트가 시도되었다.

블랙 리버의 버뮤다 팀은 그런 프로젝트 중에서 가장 성공적인 결과물이었다. 무리해서 강력한 능력을 부여하기보다 생체 전기를 기반으로 기술을 개발한 버뮤다 팀은 사회적으로 유의미한 연구 결과를 꽤 내놓았으며 그 중에서 뛰어난 몇몇은 실제로 상품화되어 유명해졌다. 하지만 대중 매체에 등장했던 모습들은 이들의 극히 일부에 불과했다. 이들은 종종 비인도적인 실험을 수행하곤 했기에 대부분의 연구 결과를 숨기고 있었기 때문이다.

이들의 행적은 기록이 거의 말소된 연합 전쟁 때보다는 오히려 현재 수행되고 있는 철충과의 전투에서 더욱 잘 드러나는데, 이들은 이제 아군에서 자신을 숨길 필요 없이 정규전 지휘관의 명령을 받으며 철충과 싸우고 있기 때문이다.

TEAM BERMUDA

~ We exist in the shadow ~

네오딤

제조사 블랙 리버 **❙ 최초 제조지** 한국(북부 자치령)
타입 기동형 **❙ 역할** 지원기 **❙ 신장** 159cm **❙ 체중** 46.8kg
신체 연령 (만) 18세 **❙ 전투 스타일** Psychic
무장 K-109 EMP Reactor

내 이름은 네오딤.

음… 난, BR사의 특수 군용 바이오로이드 실험
을 위해 만들어졌어. 정확히는 생체 전기와 신체
내에 강한 자기력장 발생 장치를 삽입하여 뇌의
신호에 따라 자기력을 발생시키는 실험이었어.
그 때문에 난 오랜 시간 동안 갇혀서 자기력 발
생을 위한 실험을 받았고 인간이 멸망한 후에야
풀려날 수 있었어.

지금은 행복하냐고? 응. 행복한 것 같아.
철충과 싸우는 건 좋지 않지만 마음대로 돌아다
닐 수도 있고 친구들도 사귈 수 있으니까. 언젠
가, 이 싸움이 끝나면 내 능력이 전쟁이 아닌 건
설이나 아니면 다른 도움 되는 일들에 쓰이기만
바라고 있어.

⠿ 캐릭터 아이콘

캐릭터 디자인 : Rorobomb

캐릭터 아이콘

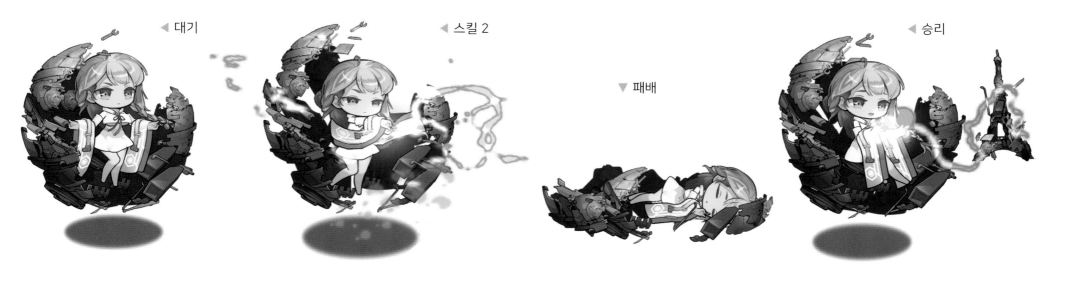

◀ 대기   ◀ 스킬 2   ▼ 패배   ◀ 승리

유령풍 베이비돌

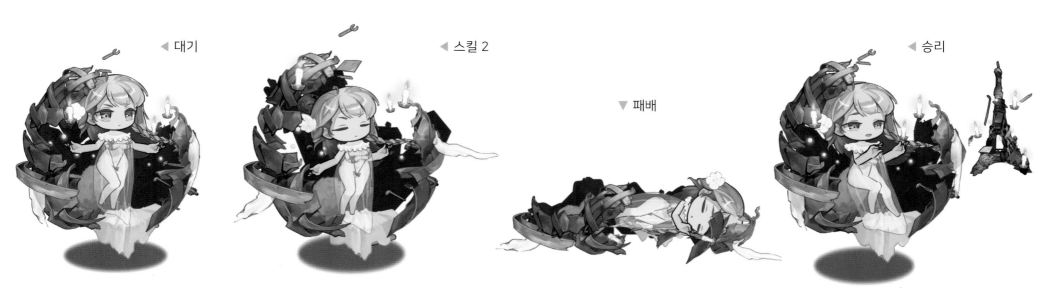

◀ 대기   ◀ 스킬 2   ▼ 패배   ◀ 승리

①

②

③

S12 쉐이드

제조사 블랙 리버 **| 최초 제조지** 한국 **| 타입** 경장형
역할 공격기 **| 전고** 2.3m **| 중량** 0.72t **| 전투 스타일** Assassin
무장 Diablos 6 Hand Cannon / Arm Blade

당신은 1급 기밀 정보에 접근하고 있습니다.

정체성 광왜곡형 AI 쉐이드.

임무, 비밀 파괴 임무.

민간 생산 제한되어 있음.

전투에 투입된 정보… 삭제됨.

철충과의 교전에서 통상 연결체 파괴 임무 수행 중.

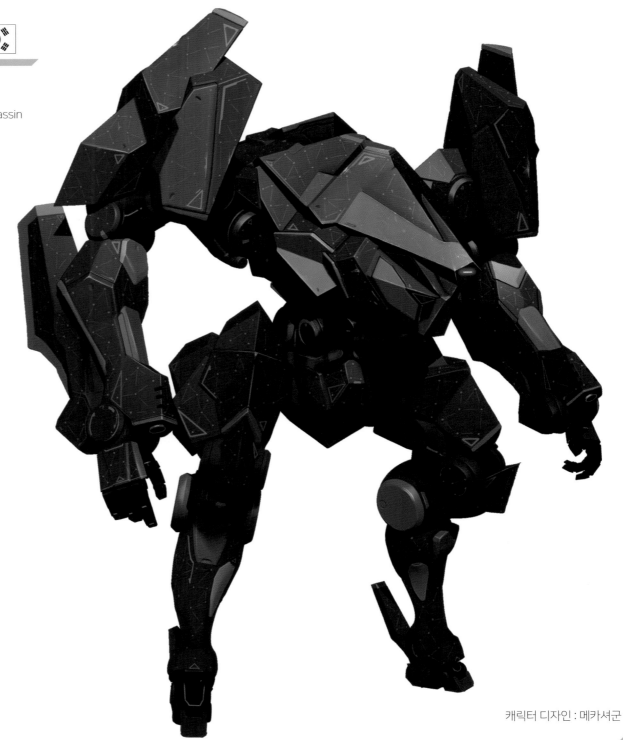

⸬⸬⸬ 캐릭터 아이콘

 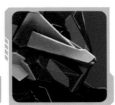

캐릭터 디자인 : 메카셔군

◀ 대기

▼ 패배

◀ 승리

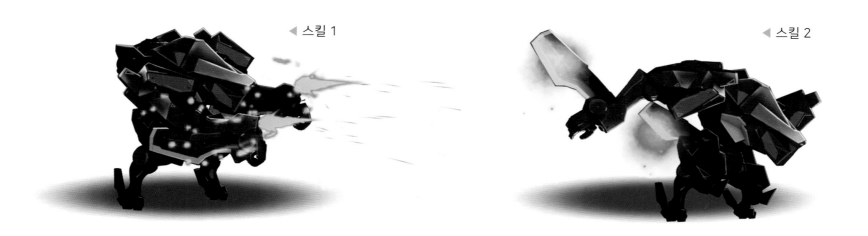

◀ 스킬 1

◀ 스킬 2

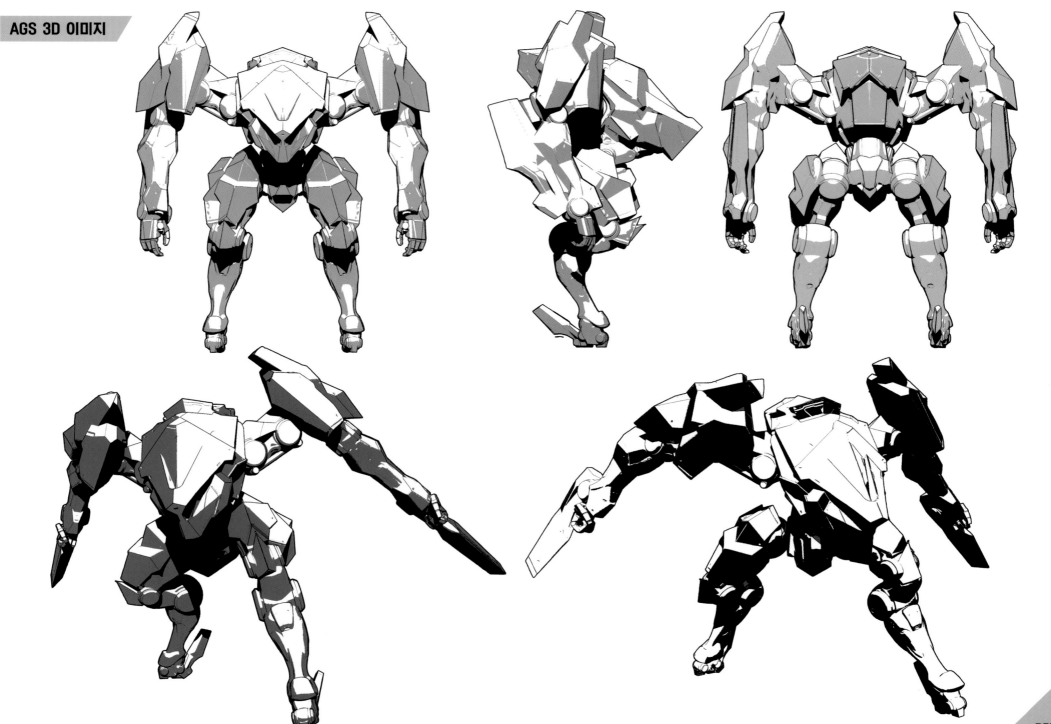

AL 팬텀

🇺🇸

제조사 블랙 리버 ┃ **최초 제조지** 미국 ┃ **타입** 경장형 ┃ **역할** 공격기
신장 170cm ┃ **체중** 52kg ┃ **신체 연령** (만) 21세
전투 스타일 Assassin ┃ **무장** Type-15 Ingram SMG

저는 팬텀, 인류의 적을 노리는 암살자입니다.
저는 제 주인인 인류를 위해 수많은 적을 제거했죠.
지금도 마찬가지입니다만.

제가 손쉽게 암살을 할 수 있게 만들어 주는 능력은 바로 제 은폐장에서 나옵니
다. 제 생체 에너지와 연동해 움직이는 제 은폐 망토는 은폐장을 생성해 제가 적
에게 들키지 않고 접근할 수 있게 해 줍니다. 가벼운 제 총기와 점착식 폭탄도 적
에게 완벽하게 접근할 수 있다는 믿음에서 나온 무장이죠.

안타깝게도 제 주인인 인류가 멸망한 이후로 제 생활은 전투의 연속이었습니다.
수없이 많은 저와 제 자매들이 전장에서 쓰러졌죠. 하지만 수확이 없는 것은 아니
었습니다. 제 정찰과 파괴 공작은 적어도 철충들의 진격을 조금이나마 늦춰 주었
고, 그들의 약점도 몇 가지 밝혀냈죠.

::: 캐릭터 아이콘

캐릭터 디자인 : Rorobomb

캐릭터 아이콘

◀ 대기 / ◀ 스킬 1 / 패배 ▼ / 승리 ▶ / 광학 미채 발동 ▶

특급 요원 팬텀

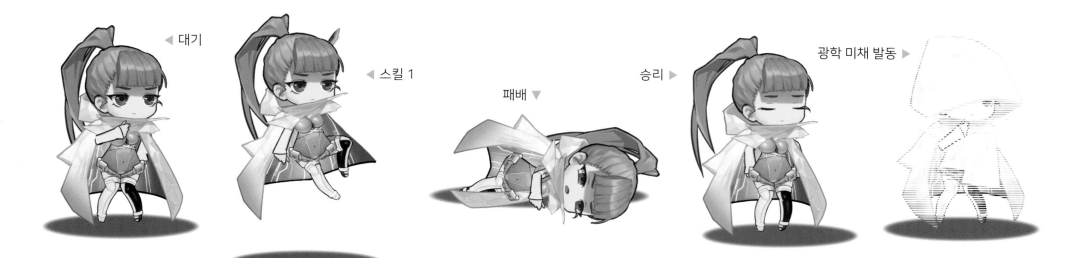

◀ 대기 / ◀ 스킬 1 / 패배 ▼ / 승리 ▶ / 광학 미채 발동 ▶

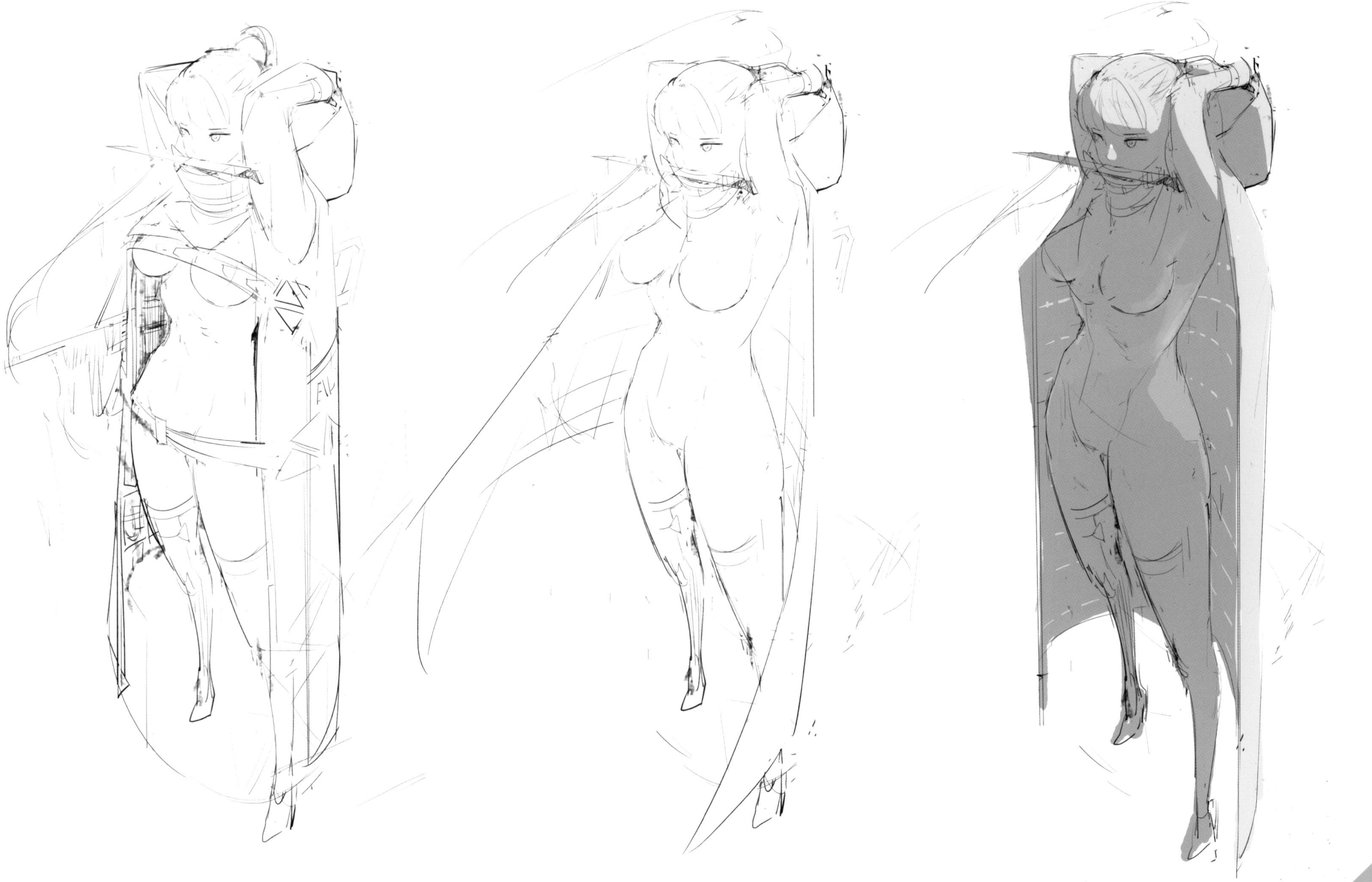

NO.074

에키드나

제조사 블랙 리버 ┃ **최초 제조지** 이집트 ┃ **타입** 중장형 ┃ **역할** 보호기
신장 171cm ┃ **체중** 54kg **신체 연령** ┃ (만) 25세 ┃ **전투 스타일** Devastator
무장 Metal Solid Snake

아아… 당신이었구나?

내 이름은 에키드나.
나는 BR의 특수 군용 바이오로이드 실
험체 중 하나였어. 그리고 내가 이 강철
의 뱀을 다룰 수 있는 건, 내 몸 안에서
끝없이 흘러나오고 있는 생체 전기 때문
이지.

인류가 멸망한 뒤, 난 라비아타의 도움
으로 다시 태어났어. 드디어… 지긋지긋
한 연구소 밖에서 나만의 즐거움을 찾을
수 있게 됐지. 철충? 멸망 전쟁? 글쎄…
난 지금 그런 시시한 이야기 따위나 하
고 싶은 게 아냐. 이렇게 연구소를 벗어
나 자유로운 몸이 된 이상… 난 내가 그
동안 갖지 못했던 이 세상의 모든 쾌락
들을 가져가야겠어.

…당신을 포함해서 말이지….

▓▓▓ 캐릭터 아이콘

캐릭터 디자인 : SNOWBALL

캐릭터 아이콘

◀ 대기

◀ 스킬 1

◀ 이동

▼ 패배

◀ 승리

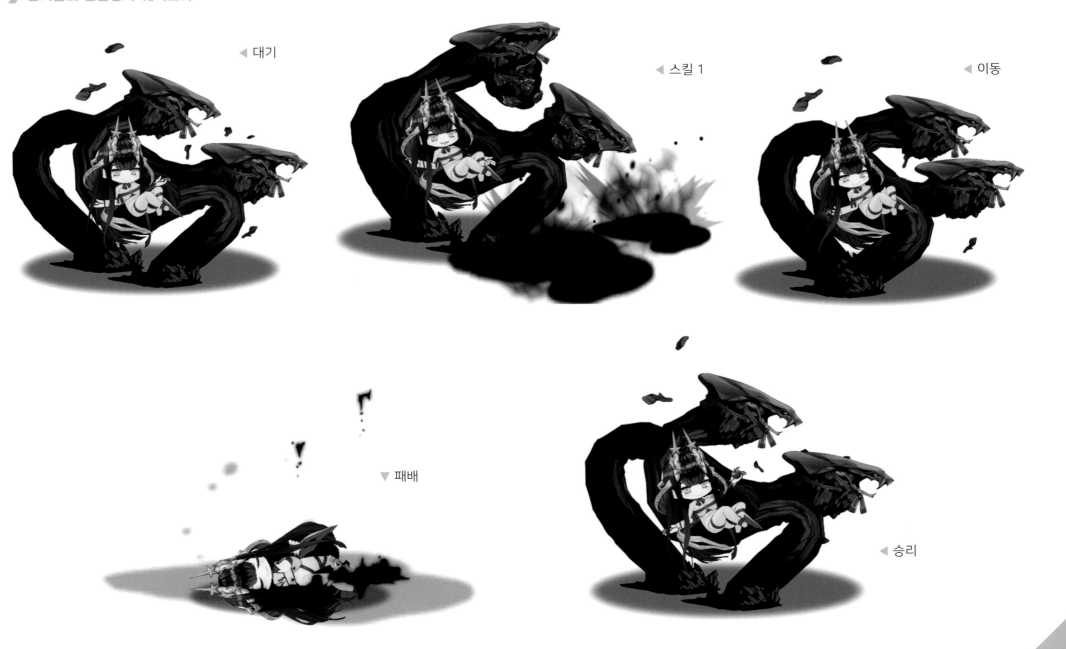

◀ 대기

◀ 스킬 1

◀ 이동

▼ 패배

◀ 승리

레이시

제조사 블랙 리버 **최초 제조지** 타이완 **타입** 기동형 **역할** 공격기
신장 170cm **체중** 61kg **신체 연령** (만) 25세
전투 스타일 Electro Psychic **무장** Lightning

제 이름은… 레이시. 제 과거 말씀이시군요….
어디서부터 설명을 해 드릴까요?

어느 날, 정신을 차려 보니 저는 사막 깊은 곳에 위치한 연구소에 갇혀 있었어요.

그리고 연구원들에게 신체 이곳 저곳을 개조당하고 있었지요.
얼마나 시간이 흘렀을까… 실험은 계속됐고, 그곳을 살아서 빠져나갈 수 없다는
걸 깨달았을 때쯤, 이미 제 몸은 저의 것이 아니었죠.

하지만 저는 삶을 포기하지 않았어요. 왜냐면 제겐 가족이 있었거든요. 구속복을
입은 채로 천장을 바라보고 있으면, 가족들이 제일 먼저 떠올랐어요. 곧 가족들이
나를 구해 주러 올 거야… 저는 그렇게 버텨 왔어요.

하지만 얼마 지나지 않아, 그 기억들도 연구소에서 강제로 주입한 가짜라는 걸 알
게 됐죠… 저는 그저 실험용으로 만들어진 바이오로이드일 뿐이었어요. 가족도,
갈 곳도 없는 더미 말이에요.

결국 실험은 성공했던 것 같아요… 스파크가 제 미간과, 볼을 타고 흐르는 것을
느낄 수 있었기 때문이죠….

여기까지가 제 기억의 전부예요.

캐릭터 아이콘

캐릭터 디자인 : Kakiman

◀ 대기

◀ 스킬 1

◀ 스킬 2

◀ 피격

▼ 패배

◀ 승리

스카디

제조사 아일랜드계 소기업 ❙ **최초 제조지** 아일랜드 ❙ **타입** 경장형
역할 지원기 ❙ **신장** 174cm ❙ **체중** 80kg ❙ **신체 연령** (만) 28세
전투 스타일 Genius Hacker ❙ **무장** Well-Trained Body

세상 모든 컴퓨터를 해킹할 수 있는 명석한 두뇌, 우아한 예절과 여신처럼 아름다운 단련된 육체. 맞아요. 이 모든 것을 갖춘 바이오로이드는 바로 저, 스카디죠.

전 4대 기업, 빅4에 속하지 않은 아일랜드에 있는 아주 작은 회사에서 태어났어요. 그것도 대량 생산품이 아니라 소량 주문 생산으로요. 후훗, 그것만 봐도 제가 단순한 양산품이 아니란 걸 알겠죠? 제 원래의 용도는 컴퓨터 해킹이었지만, 제게 있는 게 빼어난 지능뿐만이 아니었던 덕분에 곧 전장에서의 전투 해킹에 투입되었죠. 대부분의 해커 바이오로이드 유닛은 저처럼 튼튼하지 못하다고 말하면서.

어쨌든 수많은 전쟁에서, 심지어 인류가 멸망하는 멸망의 날까지도 전 전쟁에서 적의 전자회로로 이루어진 정신을 농락했어요. 그리고 지금도 과거와 마찬가지로 바이오로이드 자매들을 도우면서 적의 정신을 파괴하고 있죠.

▦ 캐릭터 아이콘

캐릭터 디자인 : Rorobomb

캐릭터 아이콘

또 하나의 가족을 위해

12

AGENCY
080

080기관은 전투보다는 스파이 임무와 정보 조작에 더 큰 비중을 둔 요원들로 회사의 기밀 정보 사령부에서 활동해 온 바이오로이드들이다. 이들은 인간 멸망 전에는 주로 인간과 바이오로이드들을 대상으로 기밀 임무를 수행해 왔다. 현재는 철충에 대한 정보를 주로 다루고 있다.

정보원이라는 단어가 주는 인상 때문에 이 바이오로이드들의 전투력이 종종 폄하되기도 하지만, 080기관의 에이전트들은 전투의 달인들이다. 애초에 그들의 임무에는 다른 전투용 바이오로이드들과의 전투도 포함되어 있기에 그들은 여타 전투용 바이오로이드와 비교해 전투 능력이 결코 뒤떨어지지 않는다. 막대한 화력은 없지만 일격 필살의 날카로운 공격은 지금도 철충들을 지옥으로 끌고 가고 있다.

AGENCY 080

~ Such a person does not exist··· ~

닥터

NO.076

제조사 불명 | **최초 제조지** 한국 | **타입** 중장형 | **역할** 지원기
신장 140cm | **체중** 32.3kg | **신체 연령** (만)13세
전투 스타일 Doctor | **무장** Super Robot type <Titan>

캐릭터 아이콘

안녕, 언니 오빠들.
난 특별형 독립 기술 개발용 바이오
로이드 '닥터'야. 후후.

물론 그냥 기술 개발용 바이오로이
드가 아니라 무려 앞에 '특별형'이 붙
는다구. 적어도 10개의 박사 학위에
맞먹는 지식을 가진 나니까 당연한
거겠지.

난 많이 만들어진 모델은 아냐. 아
니, 오히려 거의 개발이 안 된 모델
이지. 정부와 회사가 싸운 연합 전
쟁 기간에도 겨우 10기 정도가 생산
되었을 뿐이야. 내가 일정 수 이상이
되어 링크를 할 경우에 인간의 힘으
로 통제 불가능한 기술적 특이점이
오기 때문이라고 하던데… 솔직히
난 이해가 안 가. 내가 무슨 대량 살
상 병기도 아니고, 오히려 날 양산했
으면 철충에게 인류가 멸망당하지도
않았을 걸?

어쨌든 지금은 그래서 우리 동료들
인 에이미, 토모와 함께 철충과 싸우
고 있어. 철충과의 싸움이 쉽진 않지
만 내가 개발한, 그리고 개발할 전쟁
기술이 있다면 적어도 지지는 않을
거라고 생각해.

캐릭터 디자인 : Kakiman

243

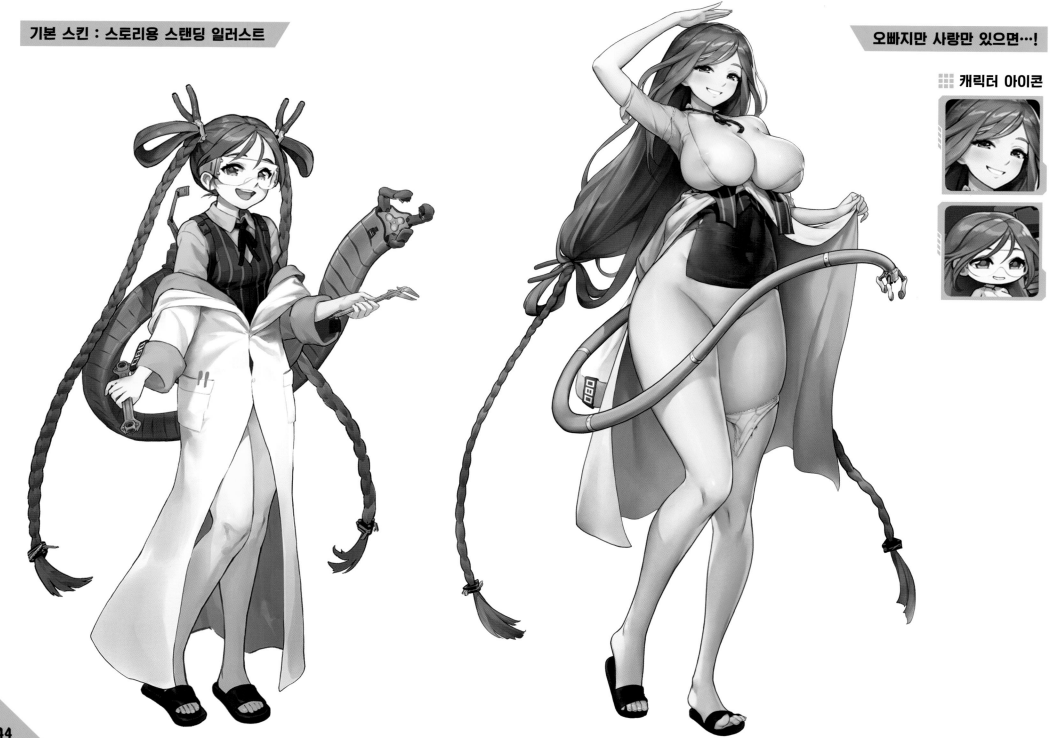

캐릭터 아이콘

▼ 대기

스킬 2 ▶

▼ 패배

▼ 승리

/ 오빠지만 사랑만 있으면…!

▼ 대기

◀ 스킬 1

▼ 패배

◀ 승리

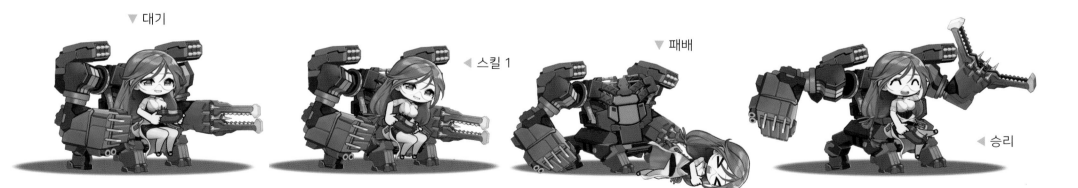

에이미 레이저

제조사 블랙 리버 **| 최초 제조지** 영국 **| 타입** 경장형 **| 역할** 공격기
신장 171cm **| 체중** 49kg **| 신체 연령** (만) 27세
전투 스타일 Sniper **| 무장** BSI Sniper Rifle

언제나 남자들은 그렇죠. 단순하고 쉽게 속아 넘어가죠.
그 부분은 절대 변하지 않아요. 그리고 그 남자의 본성이 제가 활동하는
근원이 되죠.

제 이름은 에이미 레이저. 보통은 그냥 에이미라고 불러요. 전 첩보를 위
해 태어난 바이오로이드. 080 기관이 인간으로 구성되어 있을 때부터 활
동한 첫 번째 바이오로이드이기도 해요. 저격, 파괴, 정보 수집까지 모든
게 가능했죠. 제게 불가능은 없었어요.

인간이 멸망한 다음은 어떠냐구요? 후후… 설마 문제가 있을까봐요? 물
론, 철충들은 유혹에는 넘어가지 않지만 여전히 제겐 많은 무기가 있답니
다. 제 권총은 남자가 상대가 아니라도 잘 나가고 닥터가 만들어 준 BSI
라이플도 적을 가리지 않죠.

이전보다 재미있진 않지만…
뭐, 이런 원초적인 싸움도 나쁘진 않네요.

::: 캐릭터 아이콘

캐릭터 디자인 : Rorobomb

전루복 에이미

캐릭터 아이콘

▲ 대기　　　　　　▲ 스킬 1　　　　　　▲ 스킬 2　　　　　　▲ 패배　　　　　　▲ 승리

전투복 에이미

▲ 대기　　　　　　▲ 스킬 1　　　　　　▲ 스킬 2　　　　　　▲ 패배　　　　　　▲ 승리

토모

제조사 블랙 리버 ▍ **최초 제조지** 일본 ▍ **타입** 경장형 ▍ **역할** 공격기
신장 159cm ▍ **체중** 46.5kg ▍ **신체 연령** (만) 16세
전투 스타일 Spy ▍ **무장** River Wild UMPS

안녕, 내 이름은 토모. 바로 학생들의 영원한 친구야.
아, 진짜 정체? 후후후… 감당할 수 있겠어?
사실 내 정체는 바로 첩보원. 영어론 SPI라고 하지.

사실 학생인 건 은폐를 위해서야. 연합 전쟁 후반에 고위층의 자녀를 노린 테러가
많아지면서 전 세계의 학교엔 내가 파견되었어. 물론 외모는 적당히 어레인지되었
지만. 난 학생들과 함께 공부하면서 최대한 학생처럼 지내다가 위기의 순간에 '짜
잔!'하고 나타나는 거야. 내 덕분에 살아난 학생의 수를 들으면 깜짝 놀랄 걸?

어쨌든 지금은 학교도 학생도 없으니까 첩보원 노릇을 하진 않지만 학생들을 보
호하던 전투 능력을 살려서 철충들과 싸우고 있지.
아, 걱정 마. 성적우수, 재기발랄, 초 미소녀 여고생인 내 본질은 조금도 변하지 않
으니까. 후후, 반해 버렸어?

▓▓▓ 캐릭터 아이콘

캐릭터 디자인 : PaintAle

캐릭터 아이콘

▲ 대기 ▲ 스킬 1 ▲ 스킬 2 ▲ 패배 ▲ 승리

체조부 토모

▲ 대기 ▲ 스킬 1 ▲ 스킬 2 ▲ 패배 ▲ 승리

13

TEAM
MONGUS

몽구스 팀은 도시 내 테러 활동을 방지하기 위해 탄생한 군사 조직이다. 연합 전쟁 이후, 정부의 잔당들은 지속적으로 테러를 일삼았는데 몽구스 팀은 이 정부 잔당들로부터 시민을 보호하고 테러리스트들을 섬멸하기 위해 조직되었다. 시티 가드들과 마찰도 있었지만, 몽구스 팀은 다양한 형태의 병과로 조직되었다는 점에서 시티 가드에 비해 우위에 있었고, 실제로 화력에서도 앞서는 편이었기에 강력한 테러에는 몽구스 팀이 출동하는 경우가 많았다.

인류의 멸망 이후에도 몽구스 팀은 철충들을 테러리스트로 규정하고 계속 시가전을 벌여 왔다. 강력한 철충에게 큰 피해를 입었지만 그들은 항전을 멈추지 않았고, 이후 라비아타의 저항군에 합류하는 경우도 많았다.

TEAM MONGUS

~ Citizens! Here is Safe! ~

NO.081
AS-12 스틸 드라코
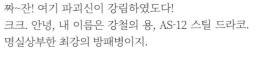

제조사 블랙 리버 ▮ **최초 제조지** 한국 ▮ **타입** 중장형 ▮ **역할** 보호기
신장 158cm ▮ **체중** 47kg ▮ **신체 연령** (만) 18세
전투 스타일 Destroyer ▮ **무장** Dragoon 7 Shotgun

짜~잔! 여기 파괴신이 강림하였도다!
크크. 안녕, 내 이름은 강철의 용, AS-12 스틸 드라코.
명실상부한 최강의 방패병이지.

다른 군사용 유닛들과 다르게 난 시민들의 보호를 위해 태어났어. 연합 전쟁 직후, 정부의 잔당들은 여기저기서 테러를 일으키고 있었거든. 대부분의 로봇 유닛들은 강력하긴 해도 숫자에 한계가 있었고, 생산성이 낮은 로봇을 바이오로이드로 대체하는 과정에서 내가 태어났어. 결과? 대성공인 건 당연한 거 아냐?

핀토와 불가사리, 미호와 나는 넷이서 늘 한 분대를 이뤘어. 핀토가 공중에서 시선을 끌고, 그 틈에 난 시민들의 앞을 가로막고, 불가사리가 길을 열고, 미호가 제거하지. 우리의 호흡은 항상 완벽했고 우리 덕분에 테러에서 안전해진 사람의 수는 헤아릴 수도 없을 거야.

안타깝게도 그 보람도 없이 인류는 멸망했지만 지금도 내 역할은 바뀌지 않았어. 다만, 사람이 아닌 자매 바이오로이드들을 보호하는 걸로 바뀌었을 뿐.
내가 있는 한, 동료들의 안전은 문제없을 거야.

캐릭터 디자인 : PaintAle

캐릭터 아이콘

◀ 대기

◀ 스킬 2

패배 ▶

승리 ▶

생각하는 드라코?

◀ 대기

◀ 스킬 2

패배 ▶

승리 ▶

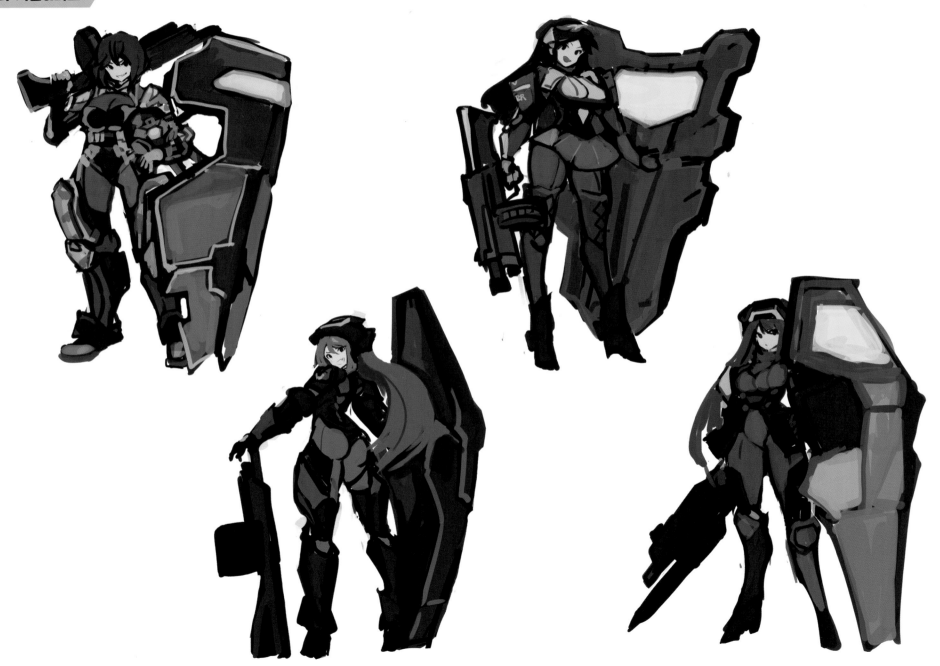

258

NO.082

T-14 미호

제조사 블랙 리버 **| 최초 제조지** 한국 **| 타입** 경장형 **| 역할** 공격기
신장 154cm **| 체중** 38kg **| 신체 연령** (만) 17세
전투 스타일 Sniper **| 무장** SK-14 Pinky Custom

응. 내 이름은 미호. 당신이 새로운 사령관이겠네?
일단 만나서 반가워.

내 자리는… 응, 맞아. 저격수. 대테러부대에 있었어. 그
런데… 실제 테러 상황은… 어땠냐고? 으응… 심심풀이
로 할 만한 이야기는 아닌 것 같지만… 사령관이 제법 재
미있어하는 얼굴을 하고 있어서, 특별히 조금만 이야기
해 줄게.

난 알다시피 몽구스 팀의 저격수야. 일단 우리가 투입되
면 핀토가 어지럽게 날아다니고, 드라코가 모두를 지켜
주겠지. 그리고 불가사리가 길을 열면, 내가 제일 튀는
녀석의 머리를 조준해서… 쾅! 보통 여기서 상황 종료. 꽤
쉽지?

실수…? 실수는 인정할 수 없어. 내가 한 발 쏠 수 있도록
하기 위해 얼마나 많은 예산과 팀원들의 희생이 필요한
지 알게 되면, 절대 실수할 수 없게 돼…. 응. 난 괜찮아.

내가 정말로 신경쓰이는 건… 그 시티 가드 팀!
그 경찰 친구들은 제발 좀 물러나 주면 정말 고맙겠어.
시민들 안전을 핑계로 우릴 아주 못살게 군다니까? 솔·
직·히 말해서 도움도 안 되고!

… 아… 말이 심했다. 도움… 어쩌고 부분은 어디 가서
말하면 안 돼. 우리끼리 비밀로 해두자 사령관. 그럼 조
금 있다가 봐. 나는 샤워하러 간다~.

▦ 캐릭터 아이콘

캐릭터 디자인 : Rorobomb

259

캐릭터 아이콘

◀ 대기
◀ 스킬 1
◀ 패배
◀ 승리

미호의 초콜릿 공장

◀ 대기
◀ 스킬 1
◀ 패배
◀ 승리

P-24 핀토

제조사 블랙 리버 **│ 최초 제조지** 미국 **│ 타입** 기동형 **│ 역할** 보호기
신장 158cm **│ 체중** 43kg **│ 신체 연령** (만) 16세
전투 스타일 Escort Fighter **│ 무장** M2 Assault Rifle

안녕, 내 이름은 핀토.
시민들의 친구, 그리고 나쁜 놈들에겐 저승사자지.
난 대 테러 조직 몽구스 팀 소속이야.

연합 전쟁이 끝난 이후에 대 테러 특수부대에 대한 필요성은 점점 높아졌어. 우리 몽구스 팀도 바로 그렇게 구성된 거야. 난 그 중에서도 인질들을 구할 시간을 벌기 위해 눈길을 끄는 미끼 역할을 맡았어. 나 외에는 도시의 빌딩들 사이를 아슬아슬하게 날아다니면서 적들의 공격을 완벽하게 회피할 수 있을 정도로 기동성 있는 유닛이 별로 없었거든.

인류 멸망 전쟁 이후, 우리 적이 테러리스트가 아니라 철충이 된 후에도 난 여전히 그 녀석들의 눈길을 끄는 역할을 하고 있어. 후후. 약간의 비행 기교와 적을 도발할 수 있는 사격 기술은 사람이나 바이오로이드만이 아니라 철충에게도 통하더라고. 내가 날아다닐 수 있는 한, 적의 시선을 끌고 유인하는 데에는 문제가 없을 거야.

▓▓▓ 캐릭터 아이콘

캐릭터 디자인 : PaintAle

특수 작전대 핀토

캐릭터 아이콘

공중곡예기 핀토

◀ 대기

◀ 스킬 1

패배 ▼

◀ 승리

특수 작전대 핀토

◀ 대기

◀ 스킬 1

패배 ▼

◀ 승리

공중곡예기 핀토

◀ 대기

◀ 스킬 1

패배 ▼

◀ 승리

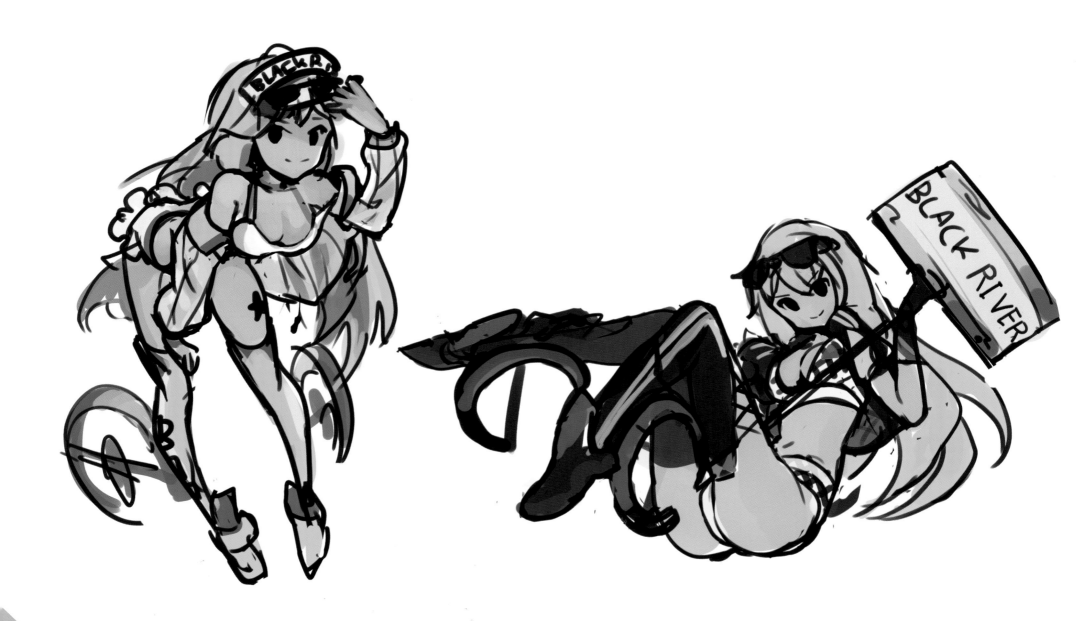

T-60 불가사리

제조사 블랙 리버 ┃ **최초 제조지** 한국 ┃ **타입** 중장형 ┃ **역할** 지원기
신장 143cm ┃ **체중** 52kg ┃ **신체 연령** (만) 17세
전투 스타일 Destroyer ┃ **무장** Clover44 Pile Bunker

내 이름은 '불가사리'.
난 몽구스 팀원들이 현장으로 진입할 수 있도록, 길을 열어 주는 역할을 해.

하지만 난 건물로 진입할 때, 문을 이용하는 전략은 별로 안 좋아해. 보통은 트랩
이 왕창 깔려 있거든. 그래서 난 팀원들이 진입할 수 있을 정도의 '구멍'을 벽에다
뻥! 뚫어 줘. 그 다음은 드라코나 미호 같은 친구들 차례야.

이제 난 곧장 지휘소로 가서, 도넛 먹으면서 모니터링이나 하는 거지~.
나는 왜 안 싸우냐고? 대인전에는 저 친구들이 스페셜리스트일뿐더러, 이래봬도
나 경찰이거든? 애초에 '파일 드라이버'로 테러리스트를 제압하는 게 허용될 리
없잖아?

뭐… 상대가 테러리스트가 아닌 철충들이라면, 이야기가 완전 다르긴 해. 걔네들
한테는 어설픈 구경의 총탄보다 내 파일 드라이버가 훨씬 효과적이거든. 내가 효
율이 좋다고 전투에 나만 투입시키면 안 돼, 사령관. 최소한 미호는 같이 보내 줘.
이유? 왠지, 미호가 쿨쿨 자고 있는 걸 보면 약이 올라서 말이야. 헷!

▦ 캐릭터 아이콘

캐릭터 디자인 : SIMA

캐릭터 아이콘

패배 ▼

◀ 승리

▲ 대기　　　　　▲ 피격　　　　　▲ 스킬 1

불가사리의 오픈백 스웨터

패배 ▼

◀ 승리

▲ 대기　　　　　▲ 피격　　　　　▲ 스킬 1

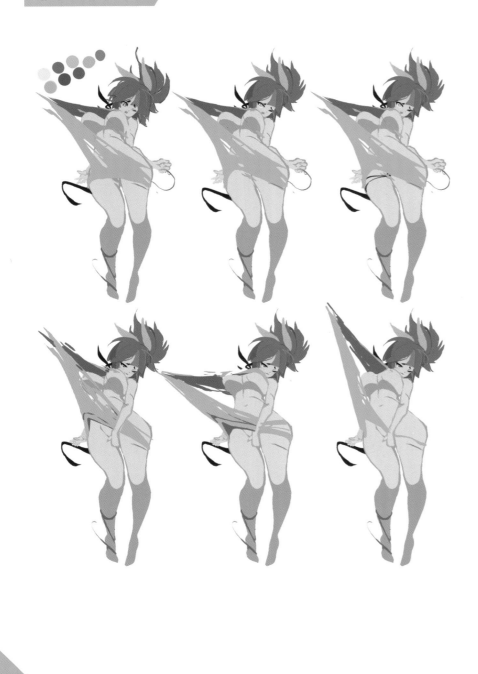

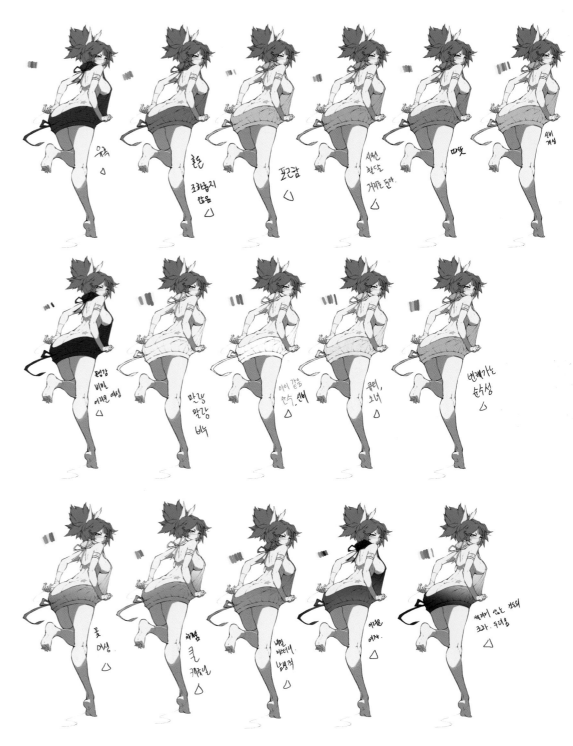

THE ART OF LAST ORIGIN   VOL.1
라스트오리진 아트북

2020 년 4 월 15 일 초판 1 쇄 발행
2021 년 12 월 5 일 초판 4 쇄 발행

펴 낸 이 ┃ 원종우
편 집 · 교 정 ┃ 오세찬
디 자 인 ┃ 백진화
마 케 팅 ┃ 정다움 , 이수빈

아 트 디 렉 터 ┃ 메카셔군
아 트 워 크 ┃ Kakiman
One
PaintAle
Rorobomb
SIMA
SNOWBALL
Sol
Zizim

제 작 협 력 ┃ 공재규

발 행 ┃ ㈜이미지프레임
주소 [13814] 경기도 과천시 뒷골로 26, 2 층
전화 02-3667-2654 팩스 02-3667-3655
메일 edit01@imageframe.kr

책 값 ┃ 35,000 원
I S B N ┃ 979-11-90609-42-5 04690 (Vol.1)   979-11-90609-44-9 (세트)